基于文化视角的
英语翻译新论

杨 娇 著

吉林人民出版社

图书在版编目（CIP）数据

基于文化视角的英语翻译新论 / 杨娇著. -- 长春：吉林人民出版社，2021.11
ISBN 978-7-206-18764-3

Ⅰ.①基… Ⅱ.①杨… Ⅲ.①英语—翻译—研究 Ⅳ.① H315.9

中国版本图书馆 CIP 数据核字（2021）第 231017 号

责任编辑：刘　学
封面设计：皓　月

基于文化视角的英语翻译新论
JIYU WENHUA SHIJIAO DE YINGYU FANYI XINLUN

著　　者：杨　娇
出版发行：吉林人民出版社（长春市人民大街7548号　邮政编码：130022）
咨询电话：0431-85378088
印　　刷：长春市昌信电脑图文制作有限公司
开　　本：710mm×1000mm　　1/16
印　　张：13.75　　　　字　　数：213千字
标准书号：ISBN 978-7-206-18764-3
版　　次：2021年11月第1版　　印　　次：2022年3月第1次印刷
定　　价：68.00元

如发现印装质量问题，影响阅读，请与印刷厂联系调换。

前言

  翻译是两种语言之间的转换活动，而语言是文化的映射，能反映出不同的文化背景。因此，文化与翻译也有着千丝万缕的关系。若想翻译出高质量的文章，必须要考虑源语的文化背景。英语翻译是跨语言、跨文化的交际活动，是各民族之间进行文化交流不可或缺的重要桥梁。英语的翻译工作较为复杂，不但要考虑语言的使用方式，还涉及民族、国家之间文化的转换。在文化交流的过程中，常常因为语言的差异、文化的差异，导致双方的交流存在障碍，因此在进行文化交流时，需要站在文化的视角上，使用必要的转换与翻译技巧。

  本书是一部基于文化视角的英语翻译研究专著，本书用简洁明了的文字对英语翻译进行了明确、清晰的表述，以学科建设的理论性与实践性的紧密结合为原则，试图从文化翻译学的角度，以语言学、语用学、文化语言学、跨文化交际学等为理论依据，通过对汉英民族不同的文化心理、文化观念和文化习俗方面的分析对比，以浅显的文字表达阐释英语文化与翻译的相关理论知识，使读者能够获得更广泛的英语文化及其翻译的相关理论知识，有效地提高读者的学习效率。本书的主要内容包括：英语翻译的基本理论、英语翻译的技能分析、英语常见题材的翻译实践、中西文化差异与英汉语言文化比较、多元文化中的英汉翻译、英语翻译中跨文化视角转换及翻译技巧。全书内容翔实、丰富，具有较强的理论性、实践性和指导性。本书对于文化翻译研究体系与实践的丰富具有重要的借鉴意义。

  笔者在撰写本书的过程中，得到了许多专家学者的帮助和指导，在此表示诚挚的谢意。由于笔者水平有限，加之时间仓促，书中所涉及的内容难免有疏漏之处，希望各位读者多提宝贵意见，以便笔者进一步修改，使之更加完善。

目录 CONTENT

第一章 英语翻译的基本理论 ········ 001
第一节 翻译的界定及其价值 ········ 001
第二节 翻译的原则与过程分析 ········ 003
第三节 翻译的方法与策略 ········ 014
第四节 中西方翻译实践与翻译理论 ········ 019

第二章 英语翻译的技能分析 ········ 023
第一节 英语词汇翻译 ········ 023
第二节 英语句法翻译 ········ 040
第三节 英语段落翻译 ········ 059
第四节 英语篇章翻译 ········ 067

第三章 英语常见题材的翻译实践 ········ 083
第一节 科技题材类翻译实践 ········ 083
第二节 文学题材类翻译实践 ········ 091
第三节 旅游题材类翻译实践 ········ 106

第四章 中西文化差异与英汉语言文化比较 ········ 112
第一节 语言与文化的关系 ········ 112
第二节 中西文化差异及其原因分析 ········ 125
第三节 英汉语言结构特点比较 ········ 131

第四节　英汉语言的文化差异与翻译 …………………… 144

第五章　多元文化中的英汉翻译 ……………………………… 148
第一节　地域文化与翻译 ………………………………… 148
第二节　人名文化与翻译 ………………………………… 150
第三节　习语文化与翻译 ………………………………… 152
第四节　饮食文化与翻译 ………………………………… 157
第五节　典故文化与翻译 ………………………………… 165

第六章　英语翻译中跨文化视角转换及翻译技巧 …………… 170
第一节　跨文化的非语言交际理论 ……………………… 170
第二节　跨文化视角转换翻译的不同策略 ……………… 186
第三节　跨文化视角转换翻译的技巧分析 ……………… 195

结束语 …………………………………………………………… 208

参考文献 ………………………………………………………… 209

第一章　英语翻译的基本理论

第一节　翻译的界定及其价值

一、翻译的概念界定

翻译简单地说是"换易言语使相解也"。在《辞海》和《现代汉语词典》中,"翻译"被解释为通过别的语言表达出这种语言文字中包含的意义。[①]

翻译研究者大部分选择用比喻的手法来总结他们如何理解翻译。比如傅雷,是著名的翻译家,他的观点是"翻译如临画,如伯乐相马……所求的不在形似,而在神似"。一部分人认为翻译可以作为渠道、桥梁,让原作者和读者的思想之间能够相通。

后来,学者们选择用语言学来解释"翻译"。尤金·奈达(Eugene A.Nida),被称作"当代翻译理论之父",是著名的美国语言学家,他认为"翻译的含义是以通顺流畅的翻译语言在意义和风格方面先后再现和原来语言信息最为匹配的相应信息内容"。张培基是中国当代著名的翻译家,他觉得"翻译属于语言活动,它为以一种语言(target language,译语)将别种语言(source language,源语)中包含的信息内涵精准且全面地再现的过程"。

在翻译方面的实践活动进入多元化发展且人类更深刻认识翻译的同时,学者们得知翻译既为关于两类语言符号相应关系上的能力与技巧,也是要求添加很多学科才可以实现上乘译作的technology(技艺),包含交际学、心理学、文化、

[①] 涂靖.大学英语翻译教程[M].上海:上海交通大学出版社,2016:1.

人类语言学，等等。

翻译解释的变化代表翻译实践活动的改变，还引领其实践。从语言学的角度，翻译的解释在实用视角合理地反映出翻译的内在特点：翻译即为将源语（target language，一种语言文字）包含的意思以译语（source language，一种其他语言文字）来精准、全面地描述，是一种对比性的跨越时间、跨越空间、跨越文化、跨越语言的错综的语言交流活动。

二、翻译的价值体现

翻译的价值体现在以下三方面：

（一）语言价值

翻译活动与语言紧密相关，并且会对语言本身产生一定的影响，这就是翻译的语言价值，具体来看，翻译的语言价值体现在以下两方面：第一，从翻译的形式上来说，翻译是对语言的转换，其本质就是对符号的转换。可以看出，这里所说的语言并不是狭义上的语言概念，因为翻译除了语内翻译、语际翻译之外，还涉及符际翻译。一切翻译活动都离不开语言符号的转换。也就是说，当译者将英语翻译成汉语时，并不单单是将西方人的语言表达方式引入进来，还包括对西方人思想、情感的引入。第二，历史的发展进程会对语言产生一定的影响，甚至进行一定的改造，这是翻译语言价值的又一体现。

当然，翻译的语言价值除了发挥正面、积极的作用之外，也会产生一些负面的影响，如果在翻译过程中使用了不正确、不合适的翻译方法与翻译策略，就会对原文造成曲解，使译文过分"异化"。因此，翻译者在翻译过程中必须平衡好"同化"与"异化"的比例。

（二）文化价值

要想了解翻译的文化价值，就要从文化层面去认识、理解翻译活动，具体来看，翻译的文化价值体现在以下方面：

第一，翻译活动有助于文化的层层积累，有助于推动文化的创新发展。同时，翻译活动还能够促进不同民族之间的交往共生与文化互动。

第二，翻译是开展跨文化交际活动的重要手段，它可以作为一座桥梁，向其他民族传递不同的文化价值观，并且，在这个翻译传递的过程中，有望构建新的文化价值观。正是为了满足不同文化背景下的人们的交流需求，翻译才得以产生，除了语言上的交流之外，翻译还可以实现思想上的、文化上的交流。

第三，翻译的产物，也就是翻译作品中包含的文化价值观也具有一定的影响力，它能够影响个人乃至整个民族对其他文化的态度。

（三）社会价值

翻译始终受时代发展的影响，随着时代的变化而发展，翻译的社会价值主要体现在以下方面：

第一，翻译能够推动整个社会的交流与发展。这是因为翻译本身就具有一定的社会性特征。具体来说，翻译活动打破了原本存在于不同语言之间的屏障，让使用不同语言的人们得以相互交流，不再封闭于自己的文化之中，而是面对更加开放的文化世界，从这个方面来说，翻译推动着整个人类社会从闭塞走向了开放。人类历史上最悠久的活动之一就是翻译活动，它与语言可以说是同时出现的。无论是在原始时期的交往活动中，还是在文艺复兴时期的典籍传播中，翻译都发挥着巨大的价值作用，发展到今天可以发现，世界上各个国家的文学艺术交流、科学技术交流以及政治经济交流都有赖于翻译活动。

第二，翻译可以对一个民族的民族精神与整体思维方式产生影响。一方面，翻译活动在塑造民族精神的过程中发挥了积极的作用；另一方面，翻译可以有效地改造语言，进而达到改造民族思维方式的目的。比较突出的代表就是严复翻译的《天演论》，严复翻译《天演论》的目标非常明确，即借助这一译作警醒国人，号召国人认清自己的处境，为应对将来的危机做准备，奋发图强，壮大自身。

第二节　翻译的原则与过程分析

一、翻译的原则

翻译原则是对译者制定的翻译标准，能够衡量译者翻译质量如何，译者在翻译时应该努力做到符合翻译原则。在翻译时，翻译原则是不可逾越的存在，它指导了整个翻译工作。

（一）西方学者的翻译原则

1. 尤金·奈达的"动态对等"原则

美国语言学家尤金·奈达是著名的翻译理论家。在1964年，基于语言和翻译基本原理，他在《翻译科学探索》这本书中提出了形式对等和动态对等的翻译理论。在尤金·奈达看来，由于不同的语言在语法、风格和语言思维方式上存在差异，如果只是采用形式对等的方式来翻译可能会出现问题。而动态对等相比形式对等更加科学，它将原始信息传递给接收者，使得翻译接收者和原始接收者两者的响应基本一致。这就是翻译过程中的"动态对等"原则，也称为"读者反应"原则或"功能对等"原理。

尤金·奈达认为，翻译的重点应该放在目标读者上，从读者的反应出发进行翻译，将目标读者对目标文本的反应与原读者对原文的反应进行比较。翻译的本质是再现信息，为了判断翻译的准确性，应以翻译文章的阅读对象作为衡量的准绳。即目标读者和原读者对他们接收到的信息基本可以作出相同的反应。

尤金·奈达通过将读者元素纳入翻译原则并扩展翻译原则的含义，推动了翻译理论的发展。

2. 费道罗夫的"等值论"原则

苏联著名的翻译理论家费道罗夫（A.V.Fedorov）是首位从语言学的角度系统研究翻译理论的学者。1953年，费道罗夫出版了一本名为《翻译理论概要》的著作，挑战了传统的翻译理论研究。从语言学的角度出发，他提出了"等值论"的翻译理论，也可以称为等值翻译。他在书中创造了"等值"一词，明确表达了以下翻译概念：①与原文的一致性（表达对等）；②译者选择的像语言风格和文章体裁等语言材料的对等。

费道罗夫认为，翻译与原文之间可以建立确切的关系，我国翻译理论领域的发展曾深受他的理论影响。

3. 艾蒂安多尔的翻译五原则

在16世纪法国文艺复兴发展时期，翻译家艾蒂安多尔（Etienne Dole）提出了自己的翻译原则。在艾蒂安多尔已发表的论文中列出了五项翻译原则，这些原则表达了翻译的重要性。具体而言，要获得更好的翻译，就必须达到这五项翻译原则：

第一，对原作者所表达的意思要有充分的理解。

第二，精通翻译作品的语言，同时精通目标语言的应用。

第三，不要逐字逐句地翻译。

第四，避免生僻字，尽量使用通用语言。

第五，注意译文的修辞手法，使译文不仅通俗易懂，还要让人赏心悦目。

4. 泰特勒的翻译三原则

著名的翻译理论家、英国学者、在爱丁堡大学任教的泰特勒教授（Alexander Fraser Tytler）在《论翻译的原则》一书中提出了译者在翻译过程中应该遵循的原则：

第一，译文必须完全再现原意。

第二，翻译的风格和技巧必须与原文一致。

第三，译文的表达应该自然流畅。

在此基础上，泰特勒进一步阐述了这些原则的重要性。虽然翻译要忠于原意，但是往往译者需要背离原文的笔调，这是不可避免的，但在任何情况下译文的思想应该是和原文符合的。我们也不能只注重译文的流畅和优雅，而牺牲了文章原有的思想和风格。

（二）中国学者的翻译原则

1. 玄奘的翻译原则

玄奘被称为"新译"的奠基人，他为我国翻译事业做出了巨大的贡献。玄奘非常了解梵文，通晓佛法，他翻译的经卷丰富，译文选材不拘一格，翻译质量上佳。在他翻译的著作中，做到了内容与形式的和谐统一。玄奘结合多年翻译佛经的经验，提出了"既须求真，又须喻俗"的翻译标准，除此之外，还有"五不翻"的翻译原则。

追求真实意味着译文必须忠实原文，保留原文的意思，追求真实的目的是保持内容信息的真实度；喻俗意味着更贴近读者并简化复杂的内容。在翻译过程中应该强调两个重点：即求真和喻俗。玄奘将"求真"与"喻俗"两者有机结合了起来，意味着所翻译的内容必须流利、通俗易懂并符合相应的语言标准，"求真"与"喻俗"两者能够在翻译过程中相得益彰，产生好的翻译效果。"既须求真，又须喻俗"的翻译标准对我国的翻译行业产生了深远的影响，意义很大。

不翻译就是音译，但是不是真的不翻译。玄奘将应该进行音译的五种情形陈列了出来，这就是"五不翻"原则。"五不翻"的内容如下：

（1）既然是秘密就不翻译。对于有秘密意义的词应该音译。

（2）有多个意义的词不用翻译。梵文是一种多态语言，在汉语中无法用合适的词来表达梵文的意思，所以应该保留原文，只使用音译。

（3）如果是我国不存在的表达，那么就不翻译。不在目标语言文化词汇中的词必须音译。

（4）习惯用语不翻译。一些习惯用语应该按照惯例进行音译。

（5）如果是生善不翻译。这意味着对于具有特殊含义和具备特殊功能的单词必须音译。

"五不翻"的翻译原则不仅保留了原文所表达的意思和效果，而且还总结和概括了音译规律，以填补因文化差异以及语言不同而造成的词义空白。对于外来词的引进，尤其是译名，对后世的翻译事业产生了很大的影响，具有很强的指导意义。

玄奘对佛经翻译的理解，对"既须求真，又须喻俗"这一内容的深刻认识，以及对"五不翻"这一翻译原则的阐释，都达到了登峰造极。作为翻译家他是非常成功的，许多翻译理论和标准的实践今天仍然是重要的翻译指南。

2. 严复的"信、达、雅"原则

1898年，严复在他的著作《天演论》中的《译例言》译文中提出在翻译的过程中有三个难点，即信、达、雅。翻译中要做到信就很难了，但是如果没有做到信，那么就谈不上进行了翻译。信、达、雅是翻译作品时都要达到的标准。

严复详细阐述了他提出的原则，对信、达、雅作出了解释："信"是指译者翻译的内容必须掌握原文的主旨，可以颠倒和添加词句，但是不能破坏原文所表达的意思，对于译文中词句的顺序和搭配就不用过分在意了。然而，翻译如果只是做到了"信"是远远不够的,"达"也同样重要。如果译者只是做到了"信"意味着没有翻译,做到"信",也做到了"达"才是翻译了原文。"达"要求译者在开始翻译前通读全文,在开始翻译前达到透彻的程度。"雅"是"古雅"的意思,使用的文言文要是汉代之前的,"雅"的译文才有人看。

严复提出的翻译观点,一直都有人存在不同的看法,但不可否认他的观点是非常合理的,简洁明了,适用范围广。严复提的翻译观点对我国的翻译理论产生了巨大的影响,直至现在,还有不少人仍然赞同"信、达、雅"的翻译标准。在中国翻译理论史上,这应该是最具影响力的观点之一。

3. 鲁迅的"信"和"顺"原则

在中国近代,鲁迅可以说是最伟大的文学家之一,他的著作所表达的思想性很强。他在《且介亭文二集》中提出了两项翻译原则,即"信"与"顺"。他是这样表述的:"凡是翻译,必须兼顾着两面,一当然力求其易解,一则保存着原作的风姿。"其实就是翻译与意译应该完美结合,这样才能达到"信"和"顺"的理想境界。

针对当时随意翻译、胡乱翻译的现象,鲁迅认为翻译应该"宁信而不顺"。1925年,鲁迅在自己的译文著作《陀螺》的前言是这样写的:"我现在还是相信直译法,因为我觉得没有更好的办法。"鲁迅先生认为阅读自己书籍的读者分为甲、乙、丙三类。甲类读者是受教育程度高的读者,给他们看的译文应该采取直译的方法;乙类读者是认识一些字的读者,对于给他们看的译文应该在原文基础上进行改写,但是翻译是不行的;丙类读者是完全不认识字的读者,他们不在读者的范围之类。总之,他强调直译,认为翻译过来的作品应该有一定的异国情调。

4. 钱钟书的"化境论"原则

1964年,钱钟书首次提出"化境"的说法,这一说法出现在《林纾的翻译》这本著作中。

在钱钟书看来,文学翻译的最高原则是能够将一部作品转变成另一个国家的文字,这样既可以避免因语言习惯的差异而表现出生硬的痕迹,又可以完美地保留原作的韵味,这就是"化境"的意思。一个好的翻译应该和原作者用目标语言写的一样,翻译原文时,文本会发生变化,但原始文章中表达的思想感情和风格传递给目标语言，不会留下任何生硬牵强的痕迹。

（三）翻译的总体原则

从总体层面来看，翻译既要遵循忠实原则，又要遵循通顺原则。

1. 忠实原则

忠实意味着翻译出的文字内容、文章体裁、语言风格与原文相匹配。通常可以从三个层面来理解翻译中的忠实原则：

其一，译文所表达的内容必须与原文相匹配，原文内容包括陈述的事实、提出的解释、得到的推论、讨论的话题、作者的观点等，译者必须完整准确地将其表达出来，不得有损毁、歪曲、省略、随意添加或删除的做法。

其二，译文在体裁上必须与原文相符。无论原来是什么体裁的作品，译者翻译出的内容都必须与原文的体裁相匹配。

其三，译文风格必须与原文相符。不同的译者有自己的语言风格，也因此呈现出了不同的翻译内容。在面对内容相同的文章时，不同的译者在词汇选择、句法形式、逻辑表达、表述顺序等方面具有不同的特点。因此，除了将文字内容的字面意思表达出来以外，翻译还必须向读者展示作者的风格。例如，一部原创历史小说的语言风格是凝重的，翻译时也应该将凝重的风格表现出来，不能以幽默或有趣的风格来翻译。

2. 通顺原则

通顺原则是指翻译出来的内容必须流畅，符合规范。在译者翻译文章内容的过程中，不能从字面上生搬硬套原本文章的内容，也不能机械翻译，翻译出来的核心内容和内在逻辑应该符合原文。因此，译者必须在理解原文之后再进行翻译。除此以外，译文应避免歧义，没有语言用法问题，语言内容结构清晰，符合读者的阅读习惯。

翻译既要达到通顺，又要兼顾忠实，它们是对立的，也是统一的。忠诚度往往会影响流畅度，要想达到流畅度高的目标，就必须保持翻译的忠诚度。译者要在忠实和通顺之间找到一个平衡点，将两者有机地结合起来，尽最大能力确保译文符合原文原本的意思，符合人们的语言习惯。

（四）翻译的艺术性原则

所有的文学体裁都强调艺术"纯度"，可见，文学的艺术性是非常重要的。实际上，艺术活动是一种人类的情感活动，它以人的审美理念为核心，以人的精神为依托。

艺术的产生离不开人类的情感。当人类从无知走向对世界的无穷探索时，人类对世界的认识不断加深，人类解锁了科学技术的"技能"。而当人类的物质需求被满足之后，他们开始追求精神层面上的满足，他们认为高尚的品格、坚忍的意志等都需要被歌颂，都需要被传承。文学作品就是承载人类精神世界发展的重要媒介，在文学作品中，人们可以将自己对客观世界的认识以及自己的审美意识融入作品中，这让作品始终都保留有客观属性，同时还具有一定的审美属性。经典英美文学作品是英美文学历史上比较受人推崇的作品，它们往往有着自己独特的思想视角，有着自己的独特审美价值。与英美文学作品一样，英美文学翻译也追求极致的艺术性。

英美文学创作与翻译都是一种不折不扣的艺术性活动，所以二者都必须要遵循艺术性原则。艺术性的重要特征之一就是它让文学作品融入了作者的审美情趣，使文学作品在具有技巧性的同时，还具有审美性，而艺术性与审美性融合起来就是我们所讲的艺术性。文学作品中的技巧并不是随便一个人就能掌握的，它需要作者日积月累的练习，需要作者从优秀的作家那里去借鉴。

此外，还需要指出的是，创作者需要具备一定的艺术素养，这对于其创作出高质量的文学作品是非常重要的。而对于译者而言，其也必须要具备一定的艺术素养，因为翻译除了是语言符号间的转换活动之外，它还是一种极具艺术性的创造活动，需要译者利用自己的艺术素养去对原文进行新的创造。译者艺术素养的培养虽然可以通过外界的干预进行，但是主要还是要靠译者自身的努力，译者要在日常生活中注意积累一些关于文学、绘画、音乐、戏剧等知识。

翻译是艺术中比较高级的一种形式，它不仅强调技巧，而且还强调艺术，具有综合性。翻译的艺术性对于译者进行英美文学翻译实践是至关重要的，它能保证译文的质量。

1. 接受美学原则

接受者效果理论源于接受美学。接受美学的基本理论为：作者想要呈现的审美内容都是通过作品反映、传达出来的，而传达的效果则需要通过接受者的审美反应实现，这里需要指出的是，接受者自身的因素还会在一定程度上影响其对作品的接受程度。作者在作品中所呈现的审美信息与接受者从作品中所获取的信息并不一定是一样的，这是因为作者与接受者在日常生活中形成的言语经验与审美经验存在差异，以至于接受者无法直接通过作品就能感受到作者想要传达的审美信息。一旦信息无法畅通传递，那么，作者与接受者之间的交流就会受阻。

接受美学这一文学理论也可以应用在翻译上。译者在翻译过程中一般会扮演两种角色，一个是原文的接受者，另一个则是译文的创作者。作为原文的接受者，译者选择、理解原文往往都带有自己的主观意识，以至于这种选择、理解都是唯一的。而这种唯一性在翻译完成的译文中也有所体现，译者用另一种语言对原文进行翻译，其间，他会受到自身文化的影响，因而新一轮的译文创作也会掺杂自己的主观意识。因此，读者通过阅读译文，能清楚地了解到译者在扮演原文接受者时对原文的认识及反应。

需要指出是，虽然接受者对原作的接受往往因为自身原因及文化原因而表现出唯一性，但是这并不意味着其接受是随意的、任意的。生活于社会群体生活中的接受者在开展各种社会活动的过程中总是会受到社会群体规范与制度的制约，而阅读活动就是一种社会活动，因此肯定会受到社会中各因素的制约。从这个层面上说，译者对原文进行再创作就不能过于主观化，必须考虑各方面因素的影响。对于同一原文，不同的译者会翻译出不同的译文，但是从整体上看，译者的翻译应该并没有太大的差异，只是会存在一些"小异"。这种"小异"体现在译者的接受目的、修辞情境及个人因素对译文的影响。这三个方面体现出翻译过程中的译者心理，反映出对译文的影响。

无论对于原文创作来说，还是对于译文创作来说，二者都会受到情境的影响，情境一般分为现实情境、个人情境、时代社会情境，对二者影响最大的当属个人情境。每个人生长的环境不同、爱好不同、职业不同、年龄不同，这些都会影响其文学与语言修养的培养，甚至直接影响其母语应用能力的培养。有的译文具有浓浓的诗味，有的译文含有深刻的哲思，这是译者语言功底和文学修养的反映。

人们欣赏艺术，并不是去欣赏那些表面的形式，而是要透过形式去感受艺术的美。所以，读者是否能从艺术中感受到"美"就成了衡量其文学艺术接受程度的重要标准。从这个层面上来说，读者接受译文的程度是衡量翻译成败的关键。但是，我们也不能过于夸大读者的作用，毕竟翻译涉及作者、文本以及读者的互动，文本与作者对译文的影响也是不容忽视的。

这里还需要强调的一点是，一个合格的译者还需要为读者留下足够的想象空间，而且，重要的是，原文作者留给原文读者的想象空间与译者留给译文读者的想象空间应该具有一致性。译者不能过于干涉读者的想象空间，他应该清楚地知道自己在翻译中的地位与作用，将原文的信息准确传递给读者，而不是在自己主观意识的影响下胡乱添加信息，这样可能会干扰读者想象空间的建构。文本中肯定会存在一些模糊信息，这些信息其实是模糊美的一种表现，不同的读者在阅读这种信息时往往会产生不同的审美感受。倘若读者对原作者所传达的审美信息产生了误读，那么，这也是读者个人的行为，与原文作者并没有太大的关系。

2. 视野融合原则

人通过自己从客观世界建构的知识与经验形成的理解范围就是"视野"。从阐释学的原理来看，原文作者有着自己对世界的看法，因此他会将这些看法凝结在文学作品中，阐释者对文学作品进行阐释时，要将自己对作品的理解限制在原文作者的理解范围之内，超出范围或者比原范围小的阐释情况都是不合理的阐释，前者是一种过度阐释，后者则是一种欠额阐释。接受者与原文作者所生长的环境、接受的教育等存在明显的差异，这使得其对作品的阐释往往会注入自己的主观意识，从而使阐释变得不再单纯，使其成为一种对原文进行再创造的过程。

从阐释学的原理来看，译者进行翻译要做的就是理解原作。译者对原作的理解一方面并不会脱离原文作者的理解范围，另一方面，译者在理解过程中也会将自己在客观世界中所获得的知识、经验在作品中加以印证，并通过作品中的相关描述唤起自己的生活记忆。

译者长期生活在自己的母语环境之中，他的周围都是与自己说着一样语言的人，其所形成的生活经验、所获得的文学修养与思想等都具有明显的个性，这让他们在阅读原作时总是会产生不同的阅读感受。译者总是会依靠自身独特的形象力与理解力去理解原作，然后在自己的母语表达习惯与民族文化的影响下去建构一个新的"作品"。从这里可以看出，译者的理解并不指其要绝对地放弃自己的视野，也不是把原作的视野纳入自己的视野，而是译者在自己视野的基础上，与原文视野相结合，形成一个新的视野。这样的理解就是全面的，因为它是原文作者视野与译者视野相互融合的产物，也是原文作者审美经验与译者审美经验相互融合的产物，从接受美学的角度看，这种融合可以称之为"视野融合"。

3. 审美同等效应原则

从本质上看，美并不是一种物质，它是物质对象单方面所具有的一种属性，是一种关系属性。美在人类的生活中无处不在，通过对各种事物的美进行揭示、总结，人们逐渐掌握了一定的审美规律。随着人们审美能力的提高，他们不仅能认识自然美，而且还能认识艺术美。

美是一种关系属性，艺术美也是一种关系属性，而将关系属性反映出来就需要将不同的关系呈现出来。人们在生活中有了一定的审美经验，并且形成了自己的审美评判标准，当其在欣赏艺术品时，其自身所拥有的审美经验如果与艺术品所传递的美达成一致，那么，人们就会认为这个艺术品是美的。同理，作者注入作品中的审美理念与读者的审美理念不一样，那么读者就无法从阅读中获得与原文作者一致的审美感受，其也不会认识到作品的美。此外，不同时期的人们因为受时代特征、社会风俗等的影响，所具有的审美倾向是不一样的，文学作品都是特定时期人类审美理念的凝结。到了一个新的时代，人类总是会形成新的审美理念，以至于人们有时并不能准确把握原作中作者想要传达的审美理念。而且，不同民族的人由于受不同文化的影响，其所形成的审美理念也是不一样的，即使译者尽可能在翻译时考虑到了译文读者的接受性问题，但是文化差异毕竟是非常难跨越的一道障碍，以至于译文读者很难获得与原文读者一样的审美感受。

可见，翻译活动其实是一项非常复杂的审美活动，因为受到多种因素的影响，原文作者的审美理念很难被有效传达，因此，译文读者所接受到的审美理念一般都会有着自己民族审美文化的影子。

二、翻译的过程分析

翻译的过程是正确理解原文和创造性地用另一种语言再现原文的过程，大体上可分为理解、表达和审核三个阶段。①

在翻译实践中，理解是表达的前提，不能正确理解就谈不上确切地表达。但理解与表达通常是互相联系、往返反复的统一过程，不能截然分开。当译者在理解的时候，他已自觉或不自觉地在挑选表达手段；当译者在表达的时候，他又进一步加深了理解。在处理一个句子、一个段落、一篇文章时，译者往往要从原语（英语）到译语（汉语），从译语（汉语）到原语（英语）反复推敲，仔细研究。

（一）理解阶段

理解主要通过对原文的上下文来进行，译者必须从上下文的关系中探求正确的译法，所谓上下文可以是指一个句子、一个段落，也可以是指一章、一节，以至全文或全书。对原文透彻的理解是确切翻译的基础和关键。为了透彻理解原文，必须注意理解所译原文的语言现象（词汇的含义、句法结构和惯用法）、理解原文的逻辑关系以及理解原文所涉及的事物。

（二）表达阶段

表达阶段就是译者把从原文所理解的内容用另一种语言重新表达出来。表达的好坏取决于对原文理解的深度和对译文语言的修养程度。理解是前提，表达是关键，是理解的结果，但理解正确并非意味着一定能够表达得正确。在表达上还有许多具体方法和技巧。"直译"和"意译"是两种最基本的翻译方法，下节将做具体论述。

（三）审核阶段

审核阶段是理解与表达的进一步深化，是对原文内容进一步核实以及对译文语言进一步推敲的阶段。我们在翻译时尽管非常细心，但译文难免会有错漏或字句欠妥的地方。因此，审核是使译文符合忠实、通顺的翻译标准必不可少的一个阶段。通过审核，我们可以发现译文中可能存在的一些问题，确保自己理解和表达的内容准确完美。

---

① 江峰，丁丽军. 新编英语翻译技巧[M]. 南昌：江西高校出版社，2012：4.

审核应对照原文仔细核查参对译文中的人名、地名、日期、方位、数字、重要的词句等，力求没有遗漏和误译出现，还应当进一步对译文进行语言上的润色，修正不恰当或不符合汉语习惯的表达。

总之，翻译是一次再创造，翻译水平的提高是一个反复实践的过程。成功的翻译需要翻译工作者在实例翻译中掌握一定的方法和技巧，并加以运用，从而提高自己的翻译水平。

第三节　翻译的方法与策略

长期以来，翻译方法、策略和技巧的区分在我国翻译界不是十分严格，经常混用，但近年逐渐分明。"翻译技巧"是译者在实际操作翻译的过程中具体运用的翻译手段，直接作用于并影响所使用的词句乃至译文的结构布局。"翻译策略"是从翻译方法和技巧的研究基础上发展起来的，指从事翻译的方式和方法，略等于翻译方法。翻译策略的选择受到包括社会历史语境、文化因素、语用等效、语域流变、原作意图和语言功能等因素的制约。"翻译方法"则为最广泛的翻译文本和翻译批评提供一系列解决问题的规则和线索，主要涉及译文的语言文字、文体风格等。

英国翻译理论家彼得·纽马克（Peter Newmark）提出了八种翻译方法，从最侧重源语语言到最侧重目标语言组成了一个平底 V 字图形，对原文的忠实度依次递减，翻译的灵活度则依次递增，依次为：逐字翻译（word-for-word translation）、直译（literal translation）、忠实翻译（faithful translation）、语义翻译（semantic translation）、交际翻译（communicative translation）、地道翻译（idiomatic translation）、意译（free translation）和归化翻译（domesticating translation）[①]。

美籍意大利学者劳伦斯·韦努蒂（Lawrence Verniti）从文化语境的角度提出

---

① 涂靖. 大学英语翻译教程 [M]. 上海：上海交通大学出版社，2016：4-8.

"归化"与"异化"这两种翻译方法。异化（fordgnization）是指在译文中保留源语的文化观念和价值观，特别是保留源语的比喻、形象和民族地方色彩等；归化（domestication）则是在译文中把源语的文化观念和价值观用目的语中的文化观念和价值观来替代，特别是把原文的比喻、形象和民族地方色彩等用目的语中的比喻、形象和民族地方色彩来替代。鉴于直译、意译主要涉及语言形式和意义的处理，而"归化"与"异化"为处理文化差异提供了思路，可视为直译与意译的概念延伸和有益补充，可算是两种常见的翻译策略。

我国翻译界经常使用"死译""直译""意译""活译"等术语来讨论翻译方法。其中，直译与意译一直是翻译理论界争论的焦点。经过长期的争论，已逐渐达成一致：直译与意译是相对而言的，两者之间相互关联，没有绝对的界线。

翻译是一种涉及两种文化之间信息转换的跨文化活动。两种文化在风俗习惯、历史、地理和宗教等方面的差异及两种语言结构本身的差异决定了好的译文总是多种翻译方法相结合的结果。故而，大到一部作品、小到一个句子的翻译都有可能兼而采取直译与意译这两种翻译方法。然而，究竟是采取直译或意译，还是直译意译相结合的方法不仅取决于翻译目的、读者对象和语篇类型，还取决于译者的理解能力和写作水平。当原文和译文形式、意义一致时，通常选择直译；当原文形式意义在译文中难以找到对应的表达方式时，就需要灵活运用直译或意译去处理了。归根结底，翻译方法不外乎直译、意译及两者的结合。

一、直译

直译是指译文的语言表达形式，在目的语规范容许的范围内，基本上遵循源语的表达形式且忠实于原文的意义。简而言之，直译就是按照原文的字面意思直接翻译为译语的翻译方法。

直译最大的优势在于能在译文中保留源语的文化观念和价值观，特别是保留原文的比喻、形象和民族地方色彩等。鲁迅十分尊重原作，坚持"宁信而不顺"的翻译原则，主张直译，不仅强调忠实于原作思想，而且力图不随便改动原文句式，以保存原作风貌并输入新的表达方法，但绝不是主张逐字"死译"或"硬译"。

交际语言所包含的意思可以细分为三方面：字面意义、形象意义和隐含意义，即真实含义。人类在感情、社会经历及对客观事物的感受等方面会有相似之处，不同语言中因此通常会有少量相同或近似的表达方式。这些语言的字面意义、形象意义相同或相似，隐含意义也十分接近，即所传达的文化信息是相同的。采取直译的方法直接套用相同的表达方式，既可保留原文的字面意义、形象意义和隐含意义，又可保留源语的风格，译文读者易于理解和接受。

例1：All the world is a stage.　　整个世界是个大舞台。

例2：Practice makes perfect.　　熟能生巧。

例3：All roads lead to Rome.　　条条大路通罗马。

另一方面，有些汉语词汇按照文字的字面意思直接翻译成为英文，不仅易懂，而且传神，并已逐渐被接受为正式的英美民族语言。直译丰富了语言。

例4：纸老虎　　paper tiger

例5：丢脸　　lose face

例6：功夫　　kungfu

由于中西方思维方式和文化背景不同，人们对周围环境作出的反应及表达方式也各异。翻译时，如果源语形象所承载的比喻意义无法在译语中再现，根据上下文，可以选用译语读者所熟知的形象替换源语形象。虽然这样翻译会导致译语和源语的形象意义不同，但是传达了真实含义，可达到相同的语用效应，使读者产生相同或相近的感觉。比如，中文的"谋事在人，成事在天"与英语中"Man proposes. God disposes"的意义与表达形式基本一致。但杨宪益先生在翻译《红楼梦》第六回中刘姥姥的话"谋事在人，成事在天。咱们谋到了，靠菩萨的保佑，有些机会也未可知"时，从保留原文的民族色彩出发，考虑到刘姥姥信佛，而非基督教，将全句译为"Man proposes. Heaven disposes. Work out a plan, trust Buddha, and something may come of it for all you know."God 改译为 Heaven，根据原文深层含义改变了译文中的原形象，使整句更为连贯顺畅，更为合适。再例如英语"Kill two birds with one stone"，如果硬译成"一石双鸟"，虽然保存了原文的字面形象，却不符合汉语的用语习惯，不如直接译为汉语成语"一箭双雕"。再如，"spring up like mushrom"如译为"雨后蘑菇"似乎也成立，但译为符合中国文化意象的汉语常用成语"雨后春笋"则更贴切。

再者，汉语里的一些俗语、习语生动形象，且隐含着特定的民族历史、经济、文化、生活习惯等方面的情况。翻译时既要力求保持原文的文化价值和形象生动的比喻，又应考虑到英文读者的接受能力。总之，只要读者能理解，就可以采用直译的方法翻译。

例7：巧媳妇难为无米之炊。

译文：Even the cleverest housewife can't cook a meal without rice.

例8：知人知面不知心。

译文：You can know a man's face but not his heart.

例9：天下没有不散的筵席。

译文：No feast lasts forever.

鲁迅曾说"直译也有条件，便是必须达意，尽汉语的能力所及的范围内，保存原文的风格，表现原语的意义，换一句话说就是信与达"。在努力再现原作效果时，太过于直译便可能成为"死译"或"硬译"。如英语 the Milky Way 本是指"天河""银河"，却曾被死译成"牛奶路"，惹出不该有的笑话。

另一方面，有些语句如果直译，表面上看中英对应很恰当，但语言的隐含寓意却有较大差异，翻译时需慎重对待。如汉语成语"明珠暗投"曾被误译为英文习语"cast pearls before swine"。殊不知，这两者意思大相径庭，不可互译。

二、意译

意译是指在忠实原文内容的前提下，不拘泥于原文的语言形式，摆脱原文结构的束缚，使译文的表达完全遵循并符合译语语言规范的翻译方法。

汉语和英语属于不同语系，两者的语言文化及思维方式不同，词汇、句法结构及表达方法差异较大，两种语言的字面意义、形象意义或隐含意义也不尽相符，某些意义甚至完全缺失。这种情况下，直译无法兼顾原文的意义和文化内涵，甚至会影响语言的理解或交流。为了再现源语的语义效果、传达原文的语用目的，译者只能采用意译法，舍弃原文语言形式或字面形象的对等，在译语中寻找能够表达源语真正含义的表达法，必要时调整、甚至改变源语的句子结构，或直接译出语言的隐含意义，使译语和源语达到意义上的对等。

例如，"龙"在中西方文化中所表达的内涵完全不同。在中国，"龙"是权力、美好的象征，而在英语中却是"凶恶"的化身。所以，汉语成语"望子成龙"在英译时不保留"龙"的字面形象，而是意译为 to expect one's son to become an outstanding personage。同样，"狗"是西方人的宠物，但在中国人眼中却常常带有贬义。因此，英语的"Every dog has its day"不适合直译，只能舍弃其原文形象，译出其喻义，意译成"凡人皆有出头日"，以匹配原句的内涵。又如《红楼梦》中黛玉所说的"兔死狐悲，物伤其类"表达了黛玉由邢岫烟的处境联想到自己的身世所发出的感慨和悲伤，杨宪益先生结合上下文，将该句意译为"Tai-yu exclaimed in distress and sympathy"，完全舍弃原文形象，只译出其比喻意义。

通常，源于典故或源语国家的政治、经济、文化领域大事的词句难以在译语中找到对应语，翻译时也往往采用意译，译出其隐含意义。如"天有不测风云"是我国五代吕蒙正《破窑赋》中的一句，比喻"有些灾祸的发生是事先无法预料的"。由于西方文化中 wind 和 cloud 并没有这种含义，所以，翻译时不能保留"天"和"风云"的字面意义和形象意义，而是译出句子的隐含意义"Something unexpected may happen any time"。再如，出自荷马史诗《伊利亚特》的英语典故 Achilles' hed，若直译为"阿喀琉斯的脚后跟"，不了解希腊神话故事的中国读者会很难理解，应译出其隐含意义"致命伤，唯一弱点"。同样，英文"meet one's Waterloo"常意译为汉语成语"一败涂地"。

英汉语均有些成语或惯用法的字面意义相同或相近，隐含意义或褒贬意义却大相径庭，直译可能造成语用失误，使译文读者不能真正理解其含义，故而不可随意互译。如"laugh off one's head"和"笑掉大牙"表面接近，但前者指"to laugh in an extreme way or beyond reasonable limits"，而"笑掉大牙"却是"看笑话"的意思。再如："as timid as a hare"不能译为"胆小如鼠"，因为后者有贬义，而前者只是一种比喻，timid 表示由于羞怯或腼腆产生的"胆小"，hare 并不让人生厌，译为"羞怯如兔"更忠实于原文。同理，前文提到的"雨后春笋"与"spring up like mushroom"对应翻译其实也不是很合适，因为前者在中文里是指好的事物大量出现，且生命力很强，而英语中"mushroom"却同时含有"生长和灭亡消失都迅速"的意思。

另外，有些语句既可采用直译，也可意译，同一文本可以衍生出多种不同译法的译文。译者必须根据原文作者所刻画的人物形象和写作风格来选择恰当的译文，词句的选择和安排均应以能否较圆满地再现人物形象和原作风格为标准。比如"kill two birds with one stone"是译成"一石二鸟""一箭双雕"还是"一举两得"呢？这必须根据具体文本的类型和主题，以及翻译的目的、译者的取舍、译语的容许度和读者的接受能力来决定。再如英语俗语"When in Rome, do as the Romans do"的含意是"入乡随俗"。如果直译，读者或许要问为什么要说罗马而不说别的地方呢？若译为"到什么山，唱什么歌"，不仅更形象生动，而且更符合中国人的用语习惯。因此，翻译方法的选择还应根据原文文体及上下文语境来确定。

总之，直译与意译各有所长，无论是直译还是意译，均应首先忠实于原文的内容。如果忽略内容，只忠实于原文的形式，是硬译、死译；如果背弃原文内容，只凭主观臆想，仅仅依据语言的表层意义，片面追求通顺的译文形式，随意编造句子，则非意译或活译，而是滥译和乱译。真正的意译是在正确理解原文内容的基础上，灵活运用适宜的翻译技巧，适当调整原文结构，用恰当、规范的译语形式表达源语；而成功的翻译则是无论采取何种翻译方法，即使改变语言形式，也能确保其隐含意义，即思想内容正确而表达又贴切的翻译。

第四节　中西方翻译实践与翻译理论

纵观中西方历史悠久的翻译活动，翻译实践总是与翻译理论的研究探索紧密相连的。翻译实践产生了翻译理论，而翻译理论又对翻译活动产生了积极的影响。

一、中国的翻译实践与翻译理论

（一）中国翻译实践

我国有史记载的翻译活动始于公元初的东汉的佛经翻译，至今已有约两千年的历史。佛经翻译活动盛行于隋朝到唐朝，并造就了一批佛经翻译家，他们是三国时期（公元3世纪）的支谦、东晋的道安（313—385）、六朝时代的鸠摩罗什（344—415）、隋代的彦琮（557—610）和唐朝的玄奘（602—664）。玄奘13岁出家，唐太宗贞观二年（公元628年）去印度求学，17年后回国，带回佛经657部。他勤奋译经19年，不仅译出佛经75部1335卷，而且把我国的《老子》一书译成梵文，成为我国把汉语著作向国外介绍的第一人。

明末清初，我国翻译活动出现第二次高潮。当时的翻译活动主要是介绍西欧的科学。明代徐光启和意大利人利玛窦合作翻译了欧几里得的《几何原本》《测量法义》等科技著作。这一时期的活动，对我国的民族资产阶级萌芽于明末清初，起到了积极的促进作用。

鸦片战争后，我国出现了西学翻译，清林纾以译西方文学著作为主，译作有《巴黎茶花女遗事》《黑奴迁天录》（后译为《汤姆大叔的小屋》）等160多部文学作品。严复（1854—1921）所译作品多系西方政治经济和科技著作，如《天演论》《原富》等。对我国的文化发展产生了积极的影响。

1919年的五四运动后，翻译成了马克思主义启蒙运动或思想解放的先导。当时，中国现代白话文正处于创建阶段，鲁迅、瞿秋白等新文化先驱大力提倡学习外国的新词语、新句法和新的表现手法来丰富现代汉语。鲁迅坚持"直译"，认为直译可以创造性地引进新的表现形式，以弥补早期白话汉语在思维与表达方面不甚精确的缺陷。在那一时期，《共产党宣言》等一批马列主义经典著作在我国传播开来；一批东西方各国优秀文化作品，尤其是苏俄的无产阶级文学作品，开始由鲁迅、瞿秋白、郭沫若等人介绍进来。这些为后来的中国革命做了充分的理论准备和思想准备。

中华人民共和国成立后，我国的翻译事业开创了一个新的历史时期。翻译工作为我国的社会主义建设和繁荣昌盛做出了重大的贡献。尤其是我国改革开放以来，中国希望了解世界，同时也希望被世界了解，我国的对外交往日趋频繁，翻译工作更显重要，翻译事业也得到了更大的发展。

（二）中国翻译理论

翻译实践总是与翻译理论的研究探索紧密相连的。我国的翻译理论有其独特的传统,常常是把翻译方法消融在文学标准之中。支谦的《句法经序》是我国第一篇有关翻译的论文,最早涉及了一些重大的翻译原则。道安总结了比较完善的直译原则。鸠摩罗什是主张全面直译的第一人。玄奘曾提出了"既须求真,又须喻俗"的翻译标准,力求忠实与易懂并重。他的"五不翻"原则,总结了音译法规律。严复提出的"信""达""雅",以"求信"为主,长期以来对我国译界发生了深刻的影响。鲁迅先生主张"直译",但"必须兼顾着两面,一当然力求易解,一则保存原作的风姿"。傅雷提出"重神以不重形似"和"获致原作的精神";钱钟书提出"化境",使"译本对原作应该忠实得以至于读起来不像译本",二者有异曲同工之妙。据此,案本—求信—神似—化境,这四个概念,既是各自独立,又是相互联系,渐次发展,构成一个整体,从而形成我国翻译传统的一条主线。

二、西方的翻译实践与翻译理论

(一)西方翻译实践

在西方,翻译已有两千多年的历史,西方的翻译活动始于公元前3世纪,当时是把《圣经·旧约》从希伯来文译为希腊文。后来是《荷马史诗》和大批希腊戏剧作品被译为拉丁文。

公元4世纪至6世纪,西方的翻译活动与基督教的发展密切相关。

公元11世纪至12世纪,基督教与伊斯兰教文化广泛传播,大批作品从阿拉伯语译成拉丁语,希腊语译成古叙利亚语,西班牙的托莱多因翻译活动的繁荣成为欧洲的学术中心。

公元14世纪至16世纪的欧洲文艺复兴运动,是一场深刻的社会变革。思想、文学和艺术的革新,掀起了西方翻译的又一次高潮,翻译活动的高潮,又推动了思想、文化和艺术的发展。这段时期的翻译活动深入到思想、政治、哲学和文学等众多领域。

第二次世界大战结束以来,西方的经济与科学技术飞速发展,为翻译事业的繁荣提供了丰厚的物质基础与先进的技术条件。翻译深入到科技、教育、艺术、商业、旅游等社会生活的各个方面,翻译成为一门吸引人的职业,众多受过专门训练的翻译工作者为人类语言文化的交流辛勤地工作。人们不仅对翻译科学、翻译艺术、翻译技巧进行深入细致的探讨，而且发展了机器翻译，利用人工智能协助交际，翻译在西方文明的发展中正发挥着愈来愈大的作用。

（二）西方翻译理论

在西方翻译史上形成了四种有代表性的翻译理论。

（1）语文学翻译法（philological theory）。产生于古希腊罗马时代，以传统的语文学为基础，着重篇章的主题结构和表现风格，尤其侧重于作者及其创作背景的参考作用，而不偏向译者的接受倾向，或谓有使译文读者适合作者的倾向。以《圣经》的翻译为主体，语文学理论中形成了以阿奎纳为代表的直译派和以哲罗姆为代表的非直译派之间的译争，从而开了"直译""意译"之争的先河。

（2）语言学翻译法（linguistic theory）。20世纪60年代以卡特福德为代表，系统论述现代语言学对于翻译的理论意义。其直接基础是来源语与目标语之间的结构对比的语言研究，旨在为两种语言之间找到以表层结构为主体的一系列对应转换规则，但有忽视文本深层语义关系和话语交际功能的倾向。语言学理论作为现代翻译理论的开端有打破传统译论的功绩。

（3）交际学翻译法（communicative theory）。交际学翻译法又称信息论翻译理论，运用信息交际理论和模式，包括信息源、受体、反馈、信息传递、传递手段等说明翻译过程，注重翻译中的信息效果和多余信息问题的研究。以前期奈达等人（20世纪60年代）的研究为代表，力求把翻译纳入语言交际和信息传递的视野予以观照，并把重点由作者及原文本移向译文本的读者的反应。

（4）社会符号学翻译法（social symbolic theory）。为了弥补交际学翻译法缺乏广度深度的缺陷，奈达等人于20世纪70—80年代又提出翻译研究兼顾文本词语、话语结构意义和人体动作与各种物象的象征意义和联想意义（即社会文化象征意义），可望有更广泛的理论涵盖面和更强的文化解释力。

西方的翻译理论得力于经典文本的多次重译和广泛传播，得力于语文、文法、语言学等的科学研究成果，可以说及早地走出了经验的层面，获得了较强的科学性的品质。

第二章　英语翻译的技能分析

第一节　英语词汇翻译

一、英语翻译中词语的选择和确定

所谓的"词语",是指可以自由运用的最小的语言单位,如词或短语,也是语篇翻译中的基本单位。对词语的理解不深,或一知半解,或由于粗心大意,不可避免地会导致误译或漏译,从而影响整个句子、段落和整篇文章的理解。①

在翻译过程中,无论英译汉还是汉译英,最先会遇到的也正是对词语的理解和翻译。由于英汉两种语言在词汇上的巨大差异,对原文意义的辨析和译入语用词的表达已成为英汉翻译的基本问题,也是英汉互译质量的关键环节。

词义的理解是否恰当,除了英语和汉语的本身修养外,还涉及相关的专业知识和文化背景知识。对于初学翻译的人来说,不应该望文生义、不求甚解,尤其是当遇到一些常用的多义词时,除了日常阅读时多注意外,还应该勤查字典和相关工具书。

在将英语翻译成汉语时,词语的选择和确定通常从以下几个方面入手:

(一)依据词的语法分析来理解

对初学翻译的人来说,准确的理解往往离不开语法分析。语法分析主要从构词法、词性和指涉关系三个方面来理解。

---

① 左瑜. 英语翻译的原理与实践应用 [M]. 长春:吉林大学出版社,2019:94.

1. 构词法

词的形态和结构体现了词的含义。因此，分析词的构词法有助于理解词的意义，获得该词的基本含义，从而为译入语的选词提供必要的参考。

此外，名词的单数复数不同，其词义上可能完全不同。例如：

force 力量——forces 军队

green 绿色——greens 青菜，蔬菜

finding 发现，探索——findings 研究成果，调查结果

work 工作——works 工厂，著作

damage 损失，损害——damages 赔偿金

air 空气——airs 装腔作势，做作

2. 词性

在英语中，一个词可以分属几种不同的词性。词性不同，词义也有所不同。正确判断词性在理解词语方面起着决定性的作用。例如，Workers can fish. 这句话中的"can""fish"分别被看成是助动词和动词时，此句被翻译为"工人可以抓到鱼"；当它们分别被视为谓语动词和名词时，此句就变成了"工人把鱼制成罐头食品"。请看下面的例子：

例1：Your account of what happened is not right.（形容词）

译文：你对于发生的事情的叙述不太正确。

例2：Go right on until you reach the end of the street.（副词）

译文：一直朝前走，直到你到达街道的尽头为止。

3. 指涉关系

所谓指涉关系，是指词在上下文中的照应关系，包括人称照应、指示照应和比较照应等。人称照应包括人称代词、指示代词和不定代词等多种类型以及一些限定词。指示照应包括名词性指示词（如 this、that、these、those）、副词性指示词（如 here、there、now、then）。比较照应指形容词和副词的比较级。

例1：It may be possible to build faster ships, but scientists believe that they couldn't travel as fast as light. So they would still have long journeys ahead of them.（人称照应）

译文：虽有可能造出速度更快的飞船，但科学家相信这种飞船的速度不会达到光速，因此，科学家还面临着漫长的探索道路。

例2：Health is above wealth, for this can not give so much happiness as that.（指示照应）

译文：健康比财富更重要，因为财富不能像健康那样给人以幸福。

（二）依据上下文和逻辑关系来确定

一般来说，一个孤立的英语单词的含义是不明确的。在句子中，词义是从语言的语义关系及其与其他词的指涉关系获得的。当它处在特定的关系中时，它的词义将受到相邻词的限制。这里的上下文包括词的搭配、一般意义和专业意义、文化背景知识、上下文提示等。因此，基于上下文和逻辑关系判断词义是词汇识别中非常重要的一种方法。

例1：You should check your answers again and again before you hand in your paper.

译文：你交卷之前应当反复核对答案。

例2：I haven't checked my luggage yet.

译文：我的行李还未寄存。

（三）依据固定搭配选择合适的词语

词的搭配指词与词之间的横向组合关系。英语和汉语这两种语言在长期使用中形成了一些固定的短语或常见的搭配，这些搭配有时可以翻译成另一种语言，有时则不行。造成英汉词语搭配差异的因素有三个：不同语言中词语使用的范围大小不同；词语在各自语言中的意义是不同的；词语在各自语言中的搭配不同。因此，在翻译时，应注意两种语言词的搭配差异，选择合适的词语来表达。

首先，要注意定语和修饰语的搭配。

例1：场

足球场 football field

网球场 tennis court

高尔夫球场 golf course

例2：杯

咖啡杯 coffee cup

啤酒杯 beer mug

葡萄酒杯 wine glass

其次，要注意搭配分工，如动词与宾语的搭配。

例3：develop

developing（developed）countries 发展中（发达）国家

develop a model 建立一个模型

develop a base 开辟一个基地

develop tourism 发展旅游业

develop natural resources 开发自然资源

例4：做

做衣服 make clothes

做文章 write an essay

做生意 do business

做证 give witness

做人 conduct oneself

做官 be an official

此外，动物的叫声在英汉语言中都有各自的表达法，汉语里描述动物的叫声用得最多的是动词"叫"，但英语中动物的拟声词十分丰富，各种动物的叫声都有自己的表达法。翻译时，若不加区别地使用就会出现搭配错误。例如，狗叫——Dogs bark，蜜蜂嗡嗡叫——Bees buzz，绵羊咩咩叫——Sheep bleat，小鸡吱吱叫——Chickens peep，鸭子呱呱叫——Ducks quack。

（四）注意词的语用色彩

注意词的语用色彩即注意词义的运用范围、轻重缓急、褒贬色彩、语体色彩等。每种语言都有语体之分，有优雅、粗俗之别，还有俚语、官方语言和术语的不同。因此，要忠实于原文的内容，应正确理解原文作者的基本政治立场和观点，并用恰当的语言手段来表达原文。

1. 词义的运用范围及侧重点

翻译时应准确理解词的意义，如 country 表示国家的地理范畴，nation 体现在共同的地域和政府下的全民概括，land 给人以国土或家园之感，state 指国家的政治实体，power 表示国家的实力。又如 look、glance、peep、gaze、stare 和 eye 都表示"看"，但各词的使用范围有所不同。look 是词义范围比较广泛而且比较通俗常用的词，泛指"看"这个动作；glance 是"一瞥"（a short, quick look）；peep 表示"偷看，窥视"（a secret glance）；gaze 表示"凝视，注视"（a long, steady look, often caused by surprise or admiration）；stare 表示"盯着看，目不转睛地看"（a very surprised look or a very ill-mannered gaze）；eye 表示"注视，察看"（watch carefully）。

2. 词义的轻重缓急

由于词义表达程度的不同，翻译时还要注意区分其中的细微差别。英语中表示"笑"的词语有很多，如 laugh 是指"大笑"，chuckle 是指"轻声地笑"，smile 是指"微笑"，guffaw 是指"放声大笑，狂笑"，giggle 是指"傻笑"，jeer 是指"嘲笑"，smirk 是指"得意地笑"，grin 是指"露齿一笑"。表示"哭"的词语也有很多，如 weep 是指"哭泣"，teary 是指"含泪的"，sob 是指"呜咽"，yammer 是指"哭诉"，howling 是指"哭哭啼啼的"，cry 是指"大哭"。

例1：我国的进出口贸易总额有了大幅度的增长。

译文：There has been a sharp increase in the total volume of imports and exports.

分析：sharp increase 是"激增"的意思，可改译为 big increase。

3. 词义的褒贬和语体色彩

词义的感情色彩取决于该词在交际情景中的运用情况。它反映了作者使用一个词所赋予它的或肯定、或否定、或尊重、或诅咒、或简单、或优雅、或庄重、或幽默等意义。例如，"ambition"一词的词义既可作褒义，又可作贬义，完全取决于它在句子中所隐含的潜在态度。请在下面的句子中分析这个词褒义和贬义的不同。

例1：It is the height of my ambition to serve the country.

译文：报效祖国是我最大的志向。

例2：We have no ambition for that distinction.

译文：我们并不奢望得到这个荣誉。

在同义词中，一组同义词可以适用不同的文体，有的适用一般文体，有的适用正式文体，有的适用非正式文体。因此，在翻译中，应注意词语的文体特征。

二、英语词汇的翻译技巧

（一）词语的转换技巧

1. 名词与动词之间的相互转换

英语中会使用较多的名词，汉语中会使用较多的动词。因此，名词和动词的相互转换是英汉翻译中常见的现象。在英语中，大量由动词和名词派生的具有动作意义的名词在英汉翻译中常被转换成动词。当汉语被翻译成英语时，却常常把汉语动词转换成英语名词。

例1：Difference between the social systems of states shall not be an obstacle to their approach and cooperation.

译文：各国社会制度的不同，不应妨碍彼此接近和相互合作。

2. 英语动词转换为汉语名词

英语中有一些动词，特别是名词派生动词，如特征、动作、行为等，在汉语中很难找到对应的动词。因此，翻译时常常把这些动词转换成汉语的名词。在汉英翻译中，汉语名词向英语动词的转换也很普遍。

例1：新产品的特点是设计独特，质量高，容量大。

译文：The new product is characterized by unique designs, high quality and great capacity.

3. 英语形容词与汉语动词之间的相互转换

英语中有一些形容词用来表达感知、情感、欲望和思维等心理状态，如 afraid、anxious、careful、glad、delighted、cautious、grateful、envious、embarrassed、confident、certain、angry、ashamed、jealous、aware、sorry、ignorant 等，这类形容词在英译汉时常常转换为动词。

例1：Scientists are confident that all matter is indestructible.

译文：科学家们深信，所有物质都是不灭的。

此外，还有一些形容词短语在句子中被用作谓语或定语时，通常被翻译成汉语动词。

这类形容词短语有 absent from（缺少）、adaptable to（适合于）、beneficial to（有益于）、harmful to（有害于）、inferior to（不及，次于）、superior to（超越、胜过）、fraught with（充满）、free from（免于）、adjacent to（靠近）、analogous to（类似于）、sensitive to（对……敏感）、empty of（缺少）、contrary to（与……相反）等。

例 2：A responsible government is one responsive to the wishes of his own people.

译文：一个负责任的政府是一个响应人民意愿的政府。

相反，在汉译英中，汉语中的动词（如感知、情感和欲望）通常可转换为"be+形容词"或"be+形容词+介词短语"的结构。此外，汉语中某些动词，根据上下文，也可以转换为英语的形容词或形容词短语。

例 3：这个小男孩鼻子冻得通红地走进房来。

译文：The little boy entered the room, his nose red with cold.

4. 英语副词与汉语动词的转换

英语副词可以转换为汉语动词。

例 1：Spring is in.

译文：春天来了。

例 2：The librarian told me that the book was out.

译文：图书管理员告诉我，那本书借出去了。

汉语中有些动词也可译成英语中的副词，做表语或宾语补足语。

例 3：让我过去。

译文：Let me through.

5. 英语介词或介词短语与汉语动词的转换

英语中介词的运用是非常多的。有些介词和介词短语含有动作意义，常常转化为汉语的动词，这样才能符合汉语的表达习惯。

例 1：Millions of the people in the mountainous areas in China have been off poverty.

译文：中国有千百万山区人民已经摆脱了贫穷。

同理，汉语中的动词也可以转译为英语中的介词或介词短语。

例2：今年暑假我们将到夏威夷去度假。

译文：We will be on holiday in Hawaii during this summer vacation.

6. 名词与形容词的转换

英语中的一些名词，特别是从形容词派生的名词，做表语或宾语时，把它们翻译成形容词，更符合汉语的表达习惯。

例1：As a Beijing opera singer, he has achieved great success.

译文：他是一个很出色的京剧演员。

在英语中，一些表示事物特征的形容词在用作谓语时也可以转换成汉语名词。有些形容词加上定冠词后表示一类人，这样的形容词也可以转换成汉语名词。

例2：Computers are more flexible and can do more kinds of jobs.

译文：计算机更灵活，它们可以做很多不同的工作。

上述两种转换现象也存在于汉译英中。汉语中的形容词可译作英语的"be+名词"结构，定语形容词可译作"名词+of"结构。汉语中的名词也可转换为英语的形容词。

例3：由于采用新技术，工厂的效率越来越高。

译文：With the new techniques adopted, the factory is getting more and more efficient.

7. 形容词与副词的转换

在英汉翻译中，形容词和副词之间能够互相转换。因为英语的名词和动词可以转换成汉语的动词和名词，修饰名词的形容词和修饰动词的副词也可以随之转换为汉语的副词和形容词。

例1：We should make full use of this opportunity to promote our sales.

译文：我们应当充分利用这个机会进行产品促销。

8. 其他词类的转换

除上述词类转换外，副词还可以转换为名词，用于英汉翻译和汉英翻译。

例1：All structural materials behave plastically above their elastic range.

译文：超过弹性极限时，一切结构材料都会显示出塑性。

从上面这些词的翻译来看，在英语学习中，词性概念在翻译时被译者放在一边，不予理睬的做法是明智的。否则，英语或汉语的翻译将缺乏可读性。但同时应该注意的是，词语的翻译缘于两种语言不同的表达习惯，并没有固定的规律。不同的词语在不同的语境中可能有不同的翻译方式，这就要求译者在连续的翻译练习中理解和掌握它们。

（二）变换用词技巧

重复是汉语的一大特点，同一个词或短语可以反复出现在文本中，以便准确或有力。这与汉语是意合语言有关。汉语中几个相关句子的组织不是通过连词连接起来的，而是主要由句子的内在意义联系起来的。这样，在没有连词的帮助下，依靠简单的单词重复来增加句子的凝聚力是很自然的。因为就听者或读者来说，词语的重复要比使用代词、同义词等更能使句子浅显易懂。而英语是一种形合性语言，它有连词和其他语言形式，以确保句子意义的连贯，这样，它就可以毫无顾忌地追求词语的变化。用不同的词语表达相同的意思，以达到活跃文风的效果。

汉语词汇的重复还与其语音文字特点密切相关。从审美的角度看，为了使朗读顺口悦耳，文章往往追求音节的整齐、统一、匀称，从而出现了词语的重复。而英语的美学规则是不同的。英语中的重复词要么去掉，要么有所变化。鉴于汉英两种语言在这方面的差异，译者应采取相应的措施。被重复的汉语词语通常包括动词、名词、形容词等。

例1：奴隶社会代替原始社会，封建社会代替奴隶社会，资本主义社会代替封建主义。

译文：Slave society supersede primitive society, feudal society replaced slave society and capitalism supplanted feudalism.

分析：汉语接连三次使用"代替"，并没有给人一种枯燥的感觉。但在英译文中可使用三个不同的词，以活跃文风。

（三）注意动态与静态的区别

中国人在翻译汉语动态动词时，既可以保留英语动态动词，也可以将它转化为静态的表达法。当然,并不是说所有的动态动词都必须转化为静态表达法,但翻译工作者应注意到存在这种转化的可能性,同时注意到动态与静态之间的微妙区别。

例1:他父亲去世了。

译文1:His father died.(表示动态)

译文2:His father is dead.(表示他父亲已不在世的状态)

例2:他出门不在。

译文1:He went out.(表示动态)

译文2:He is away./He is out.(表示他出远门了或表示暂时出门不在的情况)

(四)词语的变通手段

两种语言之间的差异决定了翻译活动的复杂性,而且语言在不断发展,英汉新词语在不断出现,构词手段也在逐渐发展。在一般情况下,如果仅依靠单一的或一成不变的方法去处理词语翻译的问题,那么翻译活动就很难完成。翻译活动还得讲究一个多样性的原则,因此除前面所讲的主要的词的翻译方法之外,在翻译活动中还经常采取一些必要的切实可行的变通手段,如替代法、释义法和缀合法等。

1. 替代法

替代法就是指使用同义词、近义词或以另一角度的措辞来代替原文的词义,以适应行文或表意的需要。替代法是翻译过程中重要的译词手段之一。使用替代法译词要注意的是,译者必须对原文词语的词义有准确而透彻的理解,在译文语言里精心选择替代词(substitute)。替代法有以下几种形式:

(1)代词性替代。

代词性替代法主要用在汉译英翻译中,这是因为汉语中词语的重复现象远远超过英语,有时还作为一种修辞手段,以加强语气。英语则不同。在英语中,除非是强调,一般避免重复,代词的使用频率远高于汉语。因此,在汉译英时,往往使用代词或关系代词来替代同一意义的词语。

例1:他讨厌失败,他一生中曾经战胜失败,超越失败,并且蔑视别人的失败。

译文:He hated failure. He had conquered it all his life, risen above it, and despised it of others.

（2）同义词替代。

汉语中成语的使用很普遍，这是因为汉语中成语相当丰富，成语使用得当可以使行文大为增色，通顺流畅，雅俗交融，生动活泼，形象鲜明，从而获得更好的修辞效果。英语中很多词语都可以在汉语中找到意思相同或相近的词、成语或习语替代词。

a sea of faces 人山人海

goose flesh 鸡皮疙瘩

as strong as a horse 身壮如牛

put all cards on the table 打开天窗说亮话

cast pearls before swine 对牛弹琴

ass in a lion's skin 狐假虎威

spend money like water 挥金如土

相对来说，汉语中的同义词没有英语中的同义词丰富。因此，在汉译英时，英语就可以充分发挥自身丰富的同义词优势。

例1：双方在人权问题上仍有分歧，但在其他所有问题上取得了广泛的一致。

译文：There were still some differences on the question of human rights, hut there was broad agreement on all other issues.

（3）正反替代法。

使用替代法可以将正说词从反面说，或将反说词从正面说，即正说反译或反说正译。这种替代法无论在英译汉中还是汉译英中都很普遍。

1）正说反译。

fail（失败）——没做成

deceptive（欺骗性的）——靠不住的

against（反对）——不符合

文盲——illiterate

危险的——insecure

厌恶情绪——dislike

例1：Yet the process of achieving gender equality is still an ongoing one.

译文：然而争取男女平等仍然是一项未竟之业。

例2：Life is far from a bed of roses.

译文：生活不是一切尽如人意的。

2）反说正译。

incomplete（不完全的）——残缺的

disaffection（不忠）——二心

infrequent（不经常的）——偶尔为之的

不二价——one price

唯你是问——You are to answer for it.

例1：请勿践踏草地！

译文：Keep off the lawn !

例2：他犯法皆因不懂法律。

译文：His ignorance of law led to crime.

2. 释义法

释义法主要适用于在译语中找不到原语的对应词而又无法将原词加以引申、替代或直译移植时。以释义法析出的词义是对原词义的阐释。释义法无论在英汉翻译中还是汉英翻译中都是一种不可缺少的翻译手段。使用释义法不仅可以解决翻译中无对应词的矛盾，还可以对某些含有文化背景或特殊含义的词或词语加以解释，以利于读者准确理解该词及全句的含义。释义法主要有以下几种形式：

（1）使抽象名词具体化。

mindlessness——思想上的混沌状态

precaution——预防措施

magnetization——磁化现象

阴——（in Chinese thought）the soft inactive female principle or force in the world

阳——（in Chinese thought）the strong active male principle or force in the world

（2）使隐含的词义清楚明了。

teenager——13至19岁的青少年

prey——被捕食的动物

clock-watcher——老是看钟等下班的人

目不识丁——not know one's ABC

德高望重——of high ability and integrity

品种齐全——in complete range of articles

（3）阐释文化背景或特殊含义。

swan song——绝唱，辞世之作

Sapphic——（古希腊抒情女诗人）萨福诗体的

官倒——guandao（to earn money illegally by abusing one's power）

下 海——xiahai（to start a business, a company or a shop at the risk of losing one's iron rice bowl or permanent job）

3. 缀合法

缀合法包括两层手段，即连缀和融合。缀合法是综合英汉词义差异的有效手段。连缀指将两个比较贴近或不完全一致的汉语对应词糅合成一个词以求扩大词义范围。

例1：They were utterly in the dark about their population and natural resources and, when the job began, much of the territory had not been explored because of racial conflicts.

译文：他们对本国人口和自然资源一无所知，而当这项工作开始时，许多地区由于种族纠纷并未进行勘察。

融合指完全摆脱汉语词义的束缚，把原文中的词义灵活、不易翻译的词义融合成一种表达或融合到整个汉语句子中，只求神似，不求形似。例如：

his mendacity and dishonesty——他的狡诈

a grim and tragic Christmas——一个惨淡的圣诞节

4. 形译法与音译法

形译法主要指根据词的实际形状来翻译科技术语。这些专门术语的前部分表示该术语的形象或外表特征的字母或单词，翻译时要将这一部分译成能表示具体形象的词语或保留原有字母。例如：T-beam（丁字梁）、O-ring（O形环圈）、

X-brace(交叉支撑)、V-belt(V形皮带)、U-steel(槽钢)、T-type highway(T形公路)、Z-iron(Z字铁)、U-shaped spring(U形弹簧)。

音译法是按原词的发音译成相对应的单词。根据单词的发音进行翻译是一种有限的翻译方式,其中一些地点的名称、人的名字、公司名、计量单位、首字母缩略词以及一些新术语等都适合用这种方式进行翻译。例如:

aspirin 阿司匹林

TOEFL 托福

Wall Street 华尔街

Citroen 雪铁龙

Olympic 奥林匹克

typhoon 台风

coffee 咖啡

(五)词的增译与省译

英语和汉语因为具有不同的语法、修辞方法和词汇结构,所以在表达相同内容的时候也会大相径庭。为了使译文符合译语的表达习惯,在翻译时,可以适当地增加或者去掉句子中的一些词,这就是增补和省译。在句子中加上一些词语,有的时候是为了使文章的前后部分过渡得当,有的时候是为了增强语气,有的时候是担心翻译的句子表达的意义不明确。在句子中去掉一部分词语,大多数情况下是想要在翻译的过程中更好地做到尊重原文,翻译得明白晓畅,流利自然。在实际翻译的过程中,我们可以同时将两种方法相结合,以更好地进行翻译工作。

1. 增译

在英语和汉语相互翻译时,根据表达的含义、句子结构、内在逻辑和语法结构等方面的区别,往往可以增补上某些助词、语气词、数量词和连词等。

(1)结构增补。

在翻译的过程中,根据语言之间不同的语法现象和句子结构,往往可以补上某个结构助词,更好地表达文章的意思。增加的结构助词可以有多种形式:虚词、实词、表达语气的词或者反映逻辑的词。

例1：They ate and drank, for they were exhausted.

译文：他们吃点东西，喝点酒，因为他们疲惫不堪了。（动词后增加名词）

在英语语言里，常常会有一些带有动作性质的名词或者带有抽象意义的名词，在独立运用的时候，含义不够明确具体。因而，翻译时可以在文章的词中补上一些使词语名词化的概括性词语，以保证文章的规范性。

由于汉语句子中，无主句或省略主语的句子十分普遍，汉译英时，因英语语句结构的需要，必须根据上下文添加主语。汉语句式呈现"意合"，英语句式呈现"形合"。因而，汉语句子可以包含多个分句，分句之间常常不用连接词，但在意义上却是相关联的；英语分句之间必须有衔接标志。因此，翻译时，必须根据上下文添加适当的连接词。

例2：累得我走不动了。

译文：It makes me so tired that I can't walk any more.（增加主语和连接词）

（2）信息增补。

在翻译的过程中，可以适当补充一些作品中内在的隐含的内容，让文章表意更加准确具体，从而更好地让读者理解作品想要传达的主旨。除了这些情况外，英语和汉语中都会有大量的包含一定的文化内涵和历史内涵的典故、习语，这些特定的文化语言对本国家人来说，十分容易理解。但是因为读者是具有不同文化和社会背景的人，读这些习语时可能就会产生迷茫，在没有注解的情况下可能不能正确理解这些语言的意思。因而，在遇到这样的情况时，我们可以用增补法，在文章中补上一些词语，便于读者理解。

例1：发展才是硬道理。

译文：Economic growth is most important./Development is the absolute principle.

2. 省译

因为英语和汉语在许多方面存在区别，如句子结构、语法等方面，某些成分在原来的句子或者文章中又是必须存在的，但在翻译的过程中，如果一一落实，翻译后的句子就会不太符合语法要求。尊重原来的作品不意味着要字字落实，我们应该在遵守语法规则的前提下，将原来句子的意思流畅、自然地展现，保持译文与原来的作品具有一样的主题内涵，在这个过程中可以适当地删去一些成分。

省译不能够想要去掉哪些成分就去掉哪些，删掉的应该是一些重复出现的表述，达到更加符合译语的语用习惯的目的。

结构性省译和逻辑修辞性省译是省译的两种类型。英语和汉语两种语言具有不同的组织结构，因而产生了结构性省译。将英语翻译成汉语时可以删掉一些助词，如连词、动词、介词和代词等，也可以删掉一些反复出现的词汇。

（1）结构性省译。

1）冠词的省译。英语与汉语相比，仅仅在英语中存在冠词。所以，在将英语翻译成汉语的过程中，如果出现了表示不定冠词"一"或者"每一个"的含义时，往往可以把此类冠词忽略不计。定冠词也常常被用来表示特定的事情，也可以被忽略不计。

例1：A horse is a useful animal.

译文：马是有用的动物。

2）代词的省译。如果英语句子的主语是人称代词或者是指代人称代词的词语，往往也可以删掉。在人称代词方面，英语与汉语不同的是，英语中存在反身代词和物主代词，因而在将英语翻译成汉语的时候，可以根据汉语中词语运用的特点，将这类代词删掉，有时某些关系代词也可以被删掉。

例1：It is snowing now.

译文：下雪了。

在这个句子中，"it"的用法很特别。它不仅能够代替事物或者生物，还可能被用来加强结构。因而，在翻译的过程中，常常把"it"去掉。

3）介词的省译。英语中介词的运用与汉语中的比较而言，汉语中运用介词的次数比较少，而英语中往往一直运用介词。因而，翻译英语的时候，可以把介词去掉。

例1：That is a good book which is opened with expectation and closed with profit.

译文：好书使人开卷有所求，闭卷有所获。

4）连接词的省译。英语中常常使用形合法，尤其是在词与词之间、短语和短语之间，特别是造句时更要用到多种多样的形式去把这些成分联系起来。在连接这些成分时，最需要注意的是保持句子与句子连接自然贴切。在英语里可以用来连接的有关系代词、关系副词、并列连接词（如 or，and，but 等）和从属连接词。但是，汉语不一样，一般较多地使用意合法连接句子成分，十分强调逻辑顺序，着重关注作用和效果。所以，汉语中可以不用连接词。英语翻译成汉语时，连接词往往可以删掉。

例 1：Men and women，old and young，all joined in the battle.

译文：男女老少都参加了战斗。

例 2：If you don't go there tomorrow，they will get angry.

译文：你明天不去，他们会生气的。

5）动词的省译。在每一个英语句子里，必须包含谓语动词。相反，在汉语中，可以不存在动词，可以用一些其他词性的词作为谓语，如名词（名词性短语）、形容词（形容词性短语）。因而，在翻译的过程中，我们往往可以把句子中的动词删掉。

例 1：The spring water in my hometown is very clear.

译文：家乡的泉水清又清。

6）其他词的省译。在汉译英中，常常省略一些重复的词语或语句。表示范围的汉语词汇几乎无实际意思，仅表达相同的意思，翻译时一般省略。例如，"它的 1300 名工人和职员"译为"its 1300 workers"。此外，汉语为了获得某种效果，常常使用重复的词语或语句。翻译这些词语时，也常常省略。

例 1：大家必须杜绝工作中的浪费现象。

译文：We must put an end to waste in our work.

（2）逻辑修辞性省译。

就逻辑修辞性省译而言，比较关注逻辑或者修辞方面，常去掉一些不太重要的词汇，从而使文章的语句更加通顺，意思表达更加清楚明了，让人更容易理解。

例 1：The present process of making steel from iron is only about 100 years old.

译文：目前的炼钢法只有大约一百年的历史。

汉语中遣词用字往往具有两个特点。第一，习惯使用叠字，一方面能够和谐音律，表达丰富的思想内容，收到较好的艺术效果，另一方面让词语有新的含义，如"事事""字字""阵阵""想想""条条"等。第二，为了获得强调效果。

汉语比较讲究句式对仗工整，即使用相似、相对或不同的词语来重复同一意义，这类现象尤其常见于四字格和谚语中。而英语是一种忌重复的语言。因此，在汉译英时，常常采用省略法，以避免句法上的重复和混乱。例如：

称心如意 satisfactory

发号施令 issue orders

深仇大恨 deep hatred

背信弃义 perfidious

根深蒂固 deeply ingrained

暴风骤雨 a violent storm

泪如泉涌 a stream of tears

翻译时必须尽力保留原文的内容。但有时，在保留原文内容时，不得不改变原文的语言形式，对一些累赘的语言进行省略，以符合译文的表达规范。

第二节　英语句法翻译

一、特殊结构句的翻译

（一）汉语无主句与无宾句的翻译处理

汉语是意合性的语言。如果能够使上下文的语意较好地衔接上，可以在中间去掉一些成分，不需要在意语法结构或者逻辑关系。汉语在很多情况下不存在主语或者宾语。因此，在将英语翻译成汉语时，可以将省掉的主语或者其他成分补充上，遵守语法规则。

如果需要被翻译的句子是没有主语或宾语的，一般可以采取以下几种手段：①在口语体翻译中最为实用的是补充上一个人称代词。②添加上某个语义相对十分虚泛的名词性短语作为主语。③在正式文体中，可以换成英语中的被动语态，一般常用在科技论文中。④可以将汉语句子里某些不是主语的成分变为英语中的主语。⑤补上省略的主语①。

1. 补上人称代词作为主语

例 1：加强思想政治工作，讲艰苦奋斗，都很必要，但只靠这些也还是不够。

译文 1：It is most essential to strengthen ideological and political work, and stress the spirit of hard struggle, but counting just on these will not suffice.

译文 2：Although we have to strengthen ideological and political work, and stress the need for hard struggle, we cannot depend on those measures alone.

分析：译文 1 机械地将"只靠这些"译成 counting just on these，但使用 counting 充当句子主语不是十分常用、地道的。译文 2 改用添加人称代词主语 we 的办法，读起来更口语化、更顺畅。

2. 补上语义虚泛或具体的词语充当主语

例 1：过去，只讲在社会主义条件下发展生产力，没有讲还要通过改革解放生产力，不完全。

译文：In the past, we only stressed expansion of the productive forces under socialism without mentioning the need to liberate them through reform. That conception was incomplete.

分析："不完全"可视为"这不完全"的省略形式，翻译时可补上主语。补上的主语可以是较虚的 that，也可以在可能的范围内将其更具体化一些。上面译文补上了 That conception，比 that 更具体、更清楚。

3. 转为被动语态

例 1：基本路线要管一百年，动摇不得。

译文：The basic line should be adhered to for 100 years, with no vacillation.

分析：以上译文采用被动语态来进行处理，语义正确，在书面语中比较妥当。但在口语体中，应避免使用被动语态，可添加人称代词当主语：We should adhere to the basic line for a hundred years, with no vacillation.

---

① 左瑜. 英语翻译的原理与实践应用[M]. 长春：吉林大学出版社，2019：112.

4. 将非主语成分转为主语

例1：自然而然地也能感觉到十分的秋意。

译文：And a sense of the fullness of autumn will come upon you unawares.

分析：上述译文是从客观角度翻译，将原句谓语动词译为主语。

5. 补上省略的宾语

汉语动词往往没有宾语，隐含的宾语需要读者自己通过推理得出。例如，某人说："我有如下一个建议……"；另一人说："我接受。""接受"的隐含宾语就是"建议"。英语中及物动词较多，不宜说 I accept. 而应说 I accept it. 必须把宾语显示出来。

（二）省略句的翻译

语言的使用以简洁为贵。所以，人们在说话、写作和翻译时，有时出于句法和修辞的需要，常常省去某些不必要的成分，但意思仍然完整，这种缺少一种或一种以上成分的句子称为省略句。英语和汉语中都存在省略句。有多种形式的省略，如省去句子的主语、谓语和宾语，或者其中的一种成分或多个成分。对省略句的翻译，不管是英译汉，还是汉译英，关键都在于对省略成分的准确理解，然后翻译时，根据译文语言的表达习惯，增加或省略被省略的成分。如果看不清楚被省略的部分，就会产生误解，导致错误的翻译。下面探讨翻译省略句的常用方法。

1. 原文中省略的部分，译文中补出

省略是英语的一种习惯用法。英语中的某个或某些成分有时可以不存在于句子中，也可以是在文章中已经被提到过，那么我们防止再出现，可以在后文中不再使用。英语里的一些成分，如谓语动词、状语和主语，都可以在句中省略，但翻译时，准确理解被省略的成分，可将其在译文中补出。

例1：Truth speaks too low, hypocrisy too loud.（省略谓语动词）

译文：真理讲话声太低，虚伪嗓门太大。

2. 原文中省略的部分，译文继续省略

英语中被省略的部分，有时根据译文需要，也可以在译文中省略。例如，有些从句中省略了和主句中相同的部分，此时可根据需要，省略原文中省略的部分，尤其是由 than 引导的比较从句，从句中被省略的部分，常常不译。

例 1：What if the sun is not shining？（What will happen if…）

译文：如果没有太阳照耀，那怎么办？

在汉译英的过程中，有时根据英语的行文表达习惯，也可以省略一些成分。

（三）倒装句的翻译

一般说来，英语陈述句的正常词序为：主语+谓语动词+宾语（或表语）+状语。但英语的词序比较灵活，有时为了强调句中某一成分，或从修辞角度考虑，可将句中的有关成分提前，构成倒装。英语的倒装可分为结构性倒装和修辞性倒装两大类。倒装句的翻译关键在于对倒装句的理解，而理解的关键就在于对句子作出正确的语法分析，找出句子的主干，确定什么成分被倒装。一般来讲，翻译结构性倒装时，汉语可采用正常语序，而翻译修辞性倒装时，可根据译文的需要，保留原文语序，即仍然在汉语中使用倒装语序或采用正常语序。

1. 结构性倒装

这种翻译主要是因为语法结构的要求而产生的倒装，是应运而生的。其主要包括疑问倒装，there be 结构倒装，虚拟倒装，以 there、here、then、thus、now、so、nor 和 neither 等副词位于句首引起的倒装。结构性倒装的翻译一般采取正常语序。

例 1：Are you fond of country music？

译文：你喜欢乡村音乐吗？

2. 修辞性倒装句

修辞性倒装句的目的是加强语气，或是避免头重脚轻。它包括句首为表示地点的介词或介词短语、否定倒装、让步倒装、only 位于句首引起的倒装、为了叙述方便或使情景描写更加生动形象而引起的倒装等。这类倒装根据需要，可采用正常语序或倒装语序。

例 1：Little do we suspect that the region is rich in water resources.

译文：这一地区水利资源丰富，我们对此深信不疑。（正常语序）

（四）分词短语与分词独立结构的翻译

分词短语可分为现在分词短语和过去分词短语。一般说来，分词短语的翻译并不难，可根据它们在句中所充当的成分而译成汉语中相应的成分，这里主要探讨分词短语作为状语时的翻译。分词短语作为状语可表时间、原因、方式、结果、条件和伴随状况等逻辑关系。翻译的关键就在于要准确理解分词短语与句子谓语动词之间的逻辑关系，然后在译文中补充表示相应逻辑关系的词语。

例1：Not knowing the language, he didn't know how to ask the way.

译文：他因为不懂语言，不知道怎样问路。（表原因）

例2：The hunter fired, killing a fox.

译文：猎人开枪打死了一只狐狸。（表结果）

当状语是某种形式的分词短语，而且有逻辑上的主语时，这样的结构模式被叫作独立主格结构。此结构一般表明原因、时间、可能发生的状况等逻辑关系。分词独立结构的翻译关键在于弄清楚独立结构表示什么关系，然后在译文中补充表示相应逻辑关系的词语。

例3：Weather permitting, we will have the match.

译文：如果天气允许，我们就举行比赛。（表条件）

（五）并列结构句的翻译

在我国的语言中，所有的动词都没有形态的改变，因而从外在看起来大多呈现并列结构。英语中的动词有多种多样的形态变化。在这些基础上，将汉语词汇翻译成英语的时候会出现一些词性的变化。比如，可以将汉语里边的动词换成英语中的名词、形容词等。所以，翻译的时候往往把并列关系转为不并列的结构，抛掉了原来的均衡效果。在某些情况下，翻译的人会选择性地维持结构的均衡性和词汇形态的统一性。当词汇的形态不一样的时候，变换英语单词的词性，也可以适当增加一些意思不太突出的单词，保持形态相同。当然，有时汉语句型结构也会比较随意，翻译时如果发现汉语语义上并列，但结构上未处于并列关系的情况，翻译的人最好换一下词语的顺序，让它们都一一对应，使翻译的作品更加吸引人。

1. 把汉语并列结构译成英语并列结构

例1：现在，我们发展社会主义市场经济，与马克思主义创始人所处的时代需要解决和研究的问题有很大不同。

译文1：At present, we are putting in place a socialist market economy. But the conditions we are faced with are quite different from those the founders of Marxism were faced with and studied.

译文 2：At present, we are putting in place a socialist market economy. But the conditions we are faced with are quite different from those the founders of Marxism faced and studied.

分析：通常认为第二种译法质量较好，该译文用主动的 face，既与 study 平衡并列，又避免了与前面的 are faced with 重复。

2. 把汉语非并列结构改成英语并列结构

例 1：鼓励、支持和规范社会力量办学、中外合作办学。

译文：The government will encourage, support and standardize school management by non-govemmental sectors or by Chinese-foreign cooperation.

分析："社会力量"是具体名词，"中外合作"是抽象名词，如果译成 by non-govemmental sectors or by Chinese-foreign cooperation，未取得平衡，因为 sectors 是具体名词，而 cooperation 是抽象名词。如果把 cooperation 换成 undertakings，这一问题便可以解决。

（六）被动句的翻译

语态是通过动词展现出主语和谓语之间关系的一种形态，包含主动语态和被动语态。这只是从两个不同的观察点来认识句子结构，表达的结果与意思是一样的。但是，在意义方面有一些明显差别：主动语态，主语是行为动作的发出者，关注的是行为与动作；被动语态，主语是施事对象，关注的是行为结束后的状态。

语言本身的特征是决定主动与被动的关键原因，同时受到某个民族的思维方式和语言环境的影响。中华民族的传统观念中十分强调物我合一，关注思维上的整体观。从"物"与"人"的关系角度来看，大致意思为，在世间万物中，人是发挥主导作用的，充分展示了人民思想的主题思维方式。在这种思维方式的影响下，许多人形成了思维定式，在心理上觉得只有依靠"人"这个主体，才能使行为动作得以完成。因而，在很多词语被运用的时候，无论是表达主动的角度还是表达被动的角度，一般都用主动句来表示。与之不同的是，西方的哲学研究领域关注"人为万物的尺度"，比较强调主客体对立，物我分明。因而，在西方人的大脑中，物代表的就是客体意识；人代表的就是主体意识。在运用主动和被动的时候，主动句关注行为的执行者；被动句则关注行为的对象。英语语言与汉语不同，是一种形合语言，形态变化特别多，尤其是动词。"be+动词的过去分词"是英语中表示被动语态的重要标志，是可以看出来的。汉语是意合语言，基本上不存在形态的变化，动词也没有各种形式的变化，因而在汉语里，不存在十分明显的标志词，必须要通过其他的方式来表示被动的意义。

1. 英语被动句的翻译

（1）译为汉语带形式标志的被动句。英语的被动句如果表示的是不幸或不愉快的事，而且句中带有施事者，可以将其译为汉语的被动句，并用"被""给""让""叫""由""为……所"等词引出动作的执行者。英语的被动句也有表示不幸或不愉快的事情，但句中有动词不定式、名词、形容词等表示主语的补足语，也可译为汉语的被动句。

例1：The patient is being operated on by the doctor.

译文：病人正在由医生动手术。

（2）借助汉语的词汇手段来表示英语的被动句。

例1：Poets are born, but orators are made.

译文：诗人是天生的，而演说家则是后天造就的。

（3）译为汉语的意义被动句。英语和汉语中都存在意义上的被动句，但是它们形式上可能是主动句的形式，如果我们从逻辑意义上进行深入剖析，就可以发现它们是被动句。只是在英语中，这类意义上的被动句较汉语而言比较少，所以英语中很多被动句可以翻译成汉语中意义上的被动句。

例1：His pride must be pinched.

译文：他这股傲气应该打下去。

（4）状语译为主语，原主语译为宾语的被动句。如果被动句是由介词by引起的状语，那么这时可以把状语当作汉语的主语，同时把原来的主语当作宾语。

例1：The result of the invention of the steam engine was that human power was replaced by mechanical power.

译文：蒸汽机发明的结果是，机械力代替了人力。

（5）译为汉语的泛指人称句。通过增加泛称主语如"人家""大家""别人""有人""人们"等，将英语被动句，尤其是"It is+V.ed that"句型译为泛指人称句。

例1：They were seen repairing the machine.

译文：有人看见他们在修理机器。

（6）译为汉语的无主句。

例1：It must be pointed out that some questions have to be clarified.

译文：必须指出的是，有些问题还需要澄清。

（7）译为汉语的"把字句"。

例1：These questions should not be confused.

译文：不要把这些问题混在一起。

（8）译为汉语的"进行句"。

例1：The dinner is cooking.

译文：饭正在做。

（9）常见被动式句型的译法。英语中有不少常用的被动结构，一般已有习惯的译法。例如：

The principle of...is outlined. 本文概述……的原则。

...be known as...……被称为……

...be spoken of as...……被说成……，……被称为……

...be considered to be...……被认为……，被看作……

...be treated as...……被当作……

...be defined as...……被定义为……，定义是……

It is asserted that... 有人主张……

It should be pointed that...……必须指出……

It must be admitted that... 必须承认……

It is demonstrated that... 据证实……，已经证明……

It is well known that... 众所周知……，大家都知道……

2. 汉语句子向英语被动句的转换

（1）将一些表示情感变化的主动句译为英语的被动句。汉语中表达由客观环境造成的处境、感受和情感上的变化，句子常用主动。而英语在表达这类情绪时，常用被动。

例1：知识分子的问题就是在这样的基础上提出来的。

译文：On such a basis has the question of the intellectuals been raised.

（2）将一些汉语中的话题评说句译为英语的被动句。汉语中有一些话题评说句，其话题在语义上是受事，这类句子可以译为英语被动句。汉语中还有一些存现句，也可以译为英语的被动句。

例1：城乡改革的基本政策一定要长期保持稳定。

译文：The basic policies for urban and rural reform must be kept stable for a long time to come.

（3）将汉语中的一些意义被动句译为英语的被动句。

例1：这酒口感不错，与价格相称。

译文：This wine is drunk well for its price.

（4）将汉语中的无主句和泛指人称句译为英语的被动句。无主句是汉语中经常使用的句型。这类句子通常省略主语或隐含主语，处理这类句子最常用的方法就是将其译为被动句。泛指人称句指句中的主语是"大家""人家""有人""他们"等的句子，这类句子主语所指不确定，其重要性不及宾语。因此，常将这类句子也译为被动句。

例1：可以有把握地说，会议会如期召开。

译文：It may be safely said that the meeting will be held on schedule.

例2：弄得不好，就会前功尽弃。

译文：If things are not properly handled, our labour will be totally lost.

（5）将汉语中一些被动句直接译为英语的被动句。这类句子主要有两种，一种是带被动标志，如"被""为""叫""给""由""为……所"等的被动句；另一种是借助词汇手段，如"受（到）""遭（受）""蒙""挨""得到""加以""给以""予以"等来构成的被动句。

例1：社会上形形色色的人物，被区分得一清二楚。

译文：All sorts of people in our society have been clearly distinguished from what they are.

（6）将汉语中的"是……的"结构译为英语的被动句。汉语中的"是……的"结构用来说明一件事是怎样的，或在什么时间、什么地点做的，带有解释的语气。英译时，常常译为被动句。

例1：这是中国共产党成立后，在以毛泽东为核心的第一代领导集体的领导下完成的。

译文：This was accomplished after the founding of the Communist Party of China and under the direction of the first generation of collective leadership with Mao Zedong at the core.

（7）将汉语中的"把"字句和"使"字句译为英语的被动句。汉语中有一些"把"字句和"使"字句，根据表达的需要，可以译为英语的被动句。

例1：把他们吓得魂不附体。

译文：They are scared out of their wits.

二、英语从句的翻译

（一）定语从句的翻译

1. 限制性定语从句

限制性定语从句对所修饰的先行词起限制作用，和先行词有十分紧密的联系，不用逗号隔开，可以用以下几种方法进行翻译：

（1）前置法。

把英语中限制性定语从句翻译成"的"字结构，位置放在被修饰词的前面，可以将复合句变成汉语语言中的简单句，这种方法被称为前置法。往往被用在句子结构比较简单的从句里。

例1：That's the reason why I did it.

译文：这就是我这样做的原因。

（2）后置法。

假如一个定语从句的成分比较复杂，翻译成汉语放在前面十分冗长不太符合汉语的语用规则，这时我们可以采取后置法进行翻译。

首先，可以译成并列分句，省略英语先行词。

例1：He is a surgeon who is operating a patient on the head.

译文：他是一个外科医生，正在给病人头部动手术。

其次，可以翻译成并列分句，多次作用先行词。

例2：She will ask her friend to take her son to Shanghai where she has some relatives.

译文：她将请朋友把她的儿子带到上海，在上海她有些亲戚。

第三，融合法。将原句中的主句和定语从句混合在一起进行翻译，使之形成一个独立句子的方法称为融合法。

例3：There is a man downstairs who wants to see you.

译文：楼下有人要见你。

2. 非限制性定语从句

在英语中这一成分对先行词不起限定作用，只是对先行词的简单描述、阐释，翻译时有以下几种方法：

第一，前置法。一些较短的且具有描写性的非限制性定语从句，可以译成"的"字前置定语，放在被修饰词的前面。

例1：The emphasis was helped by the speaker's mouth, which was wide, thin and hard-set.

译文：讲话人那又阔又薄又紧绷的嘴巴，帮助他加强了语气。

第二，后置法。后置法的处理主要有以下两种情况。

首先，译成并列分句。

例1：After dinner, the four key negotiators resumed the talks, which continued well into the night.

译文：饭后，四位主要人物继续进行谈判，一直谈到深夜。

其次，译成独立分句。

例2：They were also part of a research team that collected and analyzed data which was used to develop a good ecological plan for efficient use of the forest.

译文：他们还是一个研究小组的成员，这个小组收集并分析数据，用以制订一项有效利用这片森林的完善的生态计划。

3. 兼有状语功能的定语从句

在英语语言里，有些从句既具有定语从句的作用，又具有状语从句的作用，从含义的角度来看，是主句的状语成分，表示时间、原因、目的、假设等关系。翻译的过程中最好能够找到这些逻辑关系，再翻译成汉语中相互对应的各种结构。

（1）译成原因偏正句。

例 1：Einstein, who worked out the famous Theory of Relativity, won the Nobel Prize in 1921.

译文：由于爱因斯坦提出了著名的"相对论"理论，因此他于1921年获得了诺贝尔奖。

（2）译成时间偏正句。

例 2：Electricity which is passed through the thin tungsten wire inside the bulb makes the wire very hot.

译文：当电通过灯泡里的细钨丝时，会使钨丝变得很热。

（3）译成目的偏正句。

例 3：He wishes to write an article that will attract public attention to the matter.

译文：他想写一篇文章，以便能引起公众对这件事的注意。

（4）译成结果偏正句。

例 4：There was something original, independent and heroic about the plan that pleased all of us.

译文：这个方案富于创造性，独具匠心，很有魅力，我们都很喜欢。

（5）译成让步偏正句。

例 5：The question, which has been discussed for many times, is of little importance.

译文：这个问题尽管讨论过多次，但没有什么重要性。

（6）译成条件、假设偏正句。

例 6：The remainder of the atom, from which one or more electrons are removed, must be positively charged.

译文：如果从原子中移走一个或多个电子，则该原子的其余部分必定带正电。

（二）名词性从句的翻译

（1）在翻译主语从句的时候，由 what/whatever 等代词引导的从句要求按照原来作品的顺序进行翻译。其中，以 what 引导的从句可译为汉语的"的"字结构或译成"的"字结构后适当增词。

例1：What he told me was half-true.

译文：他告诉我的是半真半假的东西而已。

以 it 作为形式主语的从句，可以具体情况具体分析。将主语从句放到前面进行翻译或者不放到前面，这两种方法都可以。

（2）在翻译宾语从句的时候，有以下情况的从句，不必提前到修饰成分的前面，只要按照顺序翻译就可以。

例1：Can you hear what I say？

译文：你能听到我所讲的话吗？

（3）翻译表语从句的时候应该遵循与宾语从句一样的要求，按照原来文章的结构顺序进行逐段逐层翻译。

例1：This is what he is eager to do.

译文：这就是他所渴望做的事情。

（4）在翻译同位语从句的时候，跟其他从句一致。同位语主要是对名词性成分深入阐释，其中单词、短语或从句都可以作为同位语。在翻译时并没有对同位语的顺序做过多规定，一般可以保留同位语从句在原文的顺序，也可以把从句放在前面。

例1：He expressed the hope that he would come over to visit China again.

译文：他表示希望再到中国来访问。

此外，在翻译时，还可以采用增加"即""以为"，或用破折号、冒号将同位语从句与主句分开的方法。

（三）状语从句的翻译

1. 时间状语从句

我们以 when 引导的状语从句为例，说一下如何翻译时间状语从句。在翻译这类句子的时候，要学会使用多种形式表达时间。一般的来说，有以下几种翻译方法：

（1）译为相应地表示时间的状语从句。

例1：When she spoke, the tears were running down.

译文：她说话时，泪流满面。

（2）译为"刚……就……""一……就……"结构。

例2：Hardly had we arrived when it began to rain.

译文：我们一到就下雨了。

（3）译为"每当……""每逢………"结构。

例3：When you look at the moon, you may have many questions to ask.

译文：每当你望着月球时，就会有许多问题要问。

（4）译为"在……之前""在……之后"结构。

例4：When the firemen got there, the fire in their factory had already been put out.

译文：在消防队员赶到之前，他们厂里的火已被扑灭了。

（5）译为条件复句。

例5：Turn off the switch when anything goes wrong with the machine.

译文：一旦机器发生故障，就把电源关上。

（6）译为并列句。

例6：He shouted when he ran.

译文：他一边跑，一边喊。

2. 条件状语从句

（1）译为表"条件"的状语分句。

例1：If you tell me about it, then I shall be able to decide.

译文：如果你告诉我实情，那么我就能作出决定。

（2）译为表"补充说明"的状语分句。

例2：He is dead on the job. Last night if you want to know.

译文：他是在干活时死的，就是昨晚的事，如果你想知道的话。

（3）译为表"假设"的状语分句。

例3：If the government survives the confidence vote, its next crucial test will come in a direct vote on the treaties on May 4.

译文：假如政府经过信任投票而保全下来的话，它的下一个决定性的考验将是5月4日就条约举行的直接投票。

3. 原因状语从句

（1）译为因果偏正句的主句。

例1：Because he was convinced of the accuracy of this fact, he stuck to his opinion.

译文：他深信这件事的正确可靠，因此坚持己见。

（2）译为表原因的分句。

例2：The crops failed because the season was dry.

译文：因为气候干旱，农作物歉收。

4. 让步状语从句

（1）译为表"无条件"的状语分句。

例1：No matter what misfortune befell him, he always squared his shoulder and said: Never mind. I'll work harder.

译文：不管他遭受到什么不幸事儿，他总是把胸一挺，说："没关系，我再加把劲儿。"

（2）译为表"让步"的状语分句。

例2：While this is true of some, it is not true of all.

译文：虽有一部分是如此，但不见得全部如此。

5. 目的状语从句

（1）译为表"目的"的前置状语分句。

例1：We should start early so that we might get there before noon.

译文：为了在正午以前赶到那里，我们应该尽早动身。

（2）译为表"目的"的后置状语分句。

例2：He told us to keep quiet so that we might not disturb others.

译文：他叫我们保持安静，以免打扰别人。

三、英语长难句的翻译

在英语语言里，每个句子的修饰部分不是简单的一种结构、一种形式，有的修饰部分是短语、词汇，还有的是句子，还有的是这几种成分嵌套在一个句子中。造成这种现象的主要原因是英语中使用许多表功能的冠词、介词和谓语动词等结构成分。还有一个原因就是英语和汉语的句子在语序上有所不同。这些原因使英语句子特别长且结构十分复杂，有时一大段文字只是一个句子。长难句的存在往往让刚刚踏入翻译界的人思绪混乱，手忙脚乱，没有起笔的地方。但是，万事都有方法和技巧，如果掌握了一定的技巧，这种句子的翻译不会特别困难。最重要的是学会理解、深入思考，这样问题就会迎刃而解了。一般可以从以下两个步骤进行探索式思考。

第一，理性判断，根据语法推敲，看看句子是简单句还是复合句，假若是复合句，又是复合句中的哪种类型。

第二，深入剖析句子的组成结构。假若该句子为简单句，应该分析出句子的主语、谓语、宾语、定语、状语、补语分别是什么；假若不是简单句而是并列句，首要的是找出连词，再进行每个简单句的深入剖析；假若是复合句，应该逐层剖析，化整为零，找出关键的连接词，判断清楚主句和从句分别是哪个，对每个句子进行深入分析，化难为易。

在翻译的过程中，要选取恰当的方法，用符合译语的表达习惯的语言把长句表达出来。不过，在表达的时候，要注意英汉的语言差异，使用不一样的翻译方法，灵活地处理原文结构。

（一）英语长句的翻译

英语长句的翻译一般使用下面的几种方法：

1. 顺译法

一部分英语长句所叙述的内容是根据动作或事件发生的先后顺序或者内部的逻辑关系进行排列的，这跟汉语表达习惯非常相似。在翻译的时候，通常可以按照原句的顺序进行翻译。

例 1：After six months of arguing and final 16 hours of hot parliamentary debates, Australia's Northern Territory became the first legal authority in the world to allow doctors to take the lives of incurably ill patients who wish to die.

译文：经过6个月的争论以及最后16个小时的国会激烈辩论，澳大利亚北领地地区成为世界上第一个允许医生根据绝症患者个人意愿来结束其生命的合法政府机构。

2. 逆译法

英语里，部分句子的表达顺序和汉语表达习惯不一样，有的甚至完全相反。特别是部分复合句，它的主句通常会放在句首，也就是重心在前面，可是汉语通常会按照逻辑顺序和时间，把重要部分放到句尾，产生尾重心。翻译这些句子的时候最好使用逆序法，就是从后向前翻译。

例 1：It was a keen disappointment when I had to postpone the visit which I had intended to pay to China in January.

译文：我原打算一月份访问中国，后来不得不推迟，这使我深感失望。

3. 分译法

汉语的句子重意合，英语的句子十分在意形合，这是两种语言之间特别明显的不同。英语句子的每一种成分在前后都能够加不同的修饰词，在主从句中间可以有连接词，从句可以套从句，短语还可以套短语。所以，英语句子总是很长且结构十分复杂。而汉语造句却用的是意合的方式，很少或者甚至不加连接成分。汉语句子的叙事还会按照逻辑顺序或时间进行安排，所以语义的层次非常分明，语段的结构流散。因此，汉语里面省略句或散句比较多，长句就较少。在进行英汉翻译的时候，经常要按照意合的原则，调整原来的句子结构，化繁为简，化整为零，把原文翻译成分离的单句或并列的散句，以实现适应汉语表达习惯的目的，这就是分译法。分译法不但可以适用于翻译单个的短语、单词，而且可以用于翻译简单句，还可以拿来翻译难句或长句。

例1：Bad weather prevented us from starting.

译文：天气太坏，我们无法动身。（短语分译）

4. 综合法

英语语言有其独特的表达习惯，常常把概括部分或重点部分置于句首，接着叙述分析次要的部分，而汉语一般是按逻辑或时间顺序，从小到大，步步推进，在最后得出结论并且突出主题。所以，在英汉翻译的时候，用前面的那几种办法确实能够解决一些问题。事实上，在英语里面有特别多的长句，单独使用分译法、逆译法或顺译法，是没有办法解决实际问题的。当碰到这种情况时，更常见的是依据具体的情况，结合上下文，把这几种方法结合在一起使用，有的遵循逻辑顺序，主次分明，顺逆结合地对长句进行综合梳理，这样的翻译方法叫作综合法。

在翻译的时候有一点一定要注意，翻译出来的长句要跟译入语的表达习惯相匹配。并且，在表达方式上要做到灵活应对，抓住两种语言的不同之处，综合运用多种翻译方法。

（二）汉语长句的翻译

由于汉语句子呈现话题—评述结构，也就是说，汉语句子由于其逻辑语言特点，句子的表达以"意尽为界"，如果没有受到语法形式限制，只要句子的评述没有结束的话，这个句子就能不断地延续下去，在这期间的句子只使用逗号来做间隔，这样句子就会非常冗长。可是，英语句子就不可以这样，因为英语句子的结构是主语—谓语结构，也就是说，有了主语谓语，句子就可以结束了，有没有完成对主语的解释都不重要。所以，在翻译汉语长句的时候，应仔细分析汉语句子结构，弄清句中各层次间的逻辑关系，根据英语的表达习惯，选择适当的翻译方法。

汉语长句一般采取顺译、断句和合句这三种翻译方法来处理。

1. 顺译法

当汉英叙述层次一致时，可按原文顺序翻译，在需要的地方加上适当的连接词语。

例1：不一会，北风小了，路上浮尘早已刮净，剩下一条洁白的大道，车夫也跑得更快了。

译文：Presently the wind dropped a little. By now the loose dust had all been blown away, leaving the roadway clean, and the rickshaw man quickened his pace.

2. 断句法

翻译汉语长句时，断句是最常用的一种方法。由于汉语长句多为复句，包含层次较多，逻辑复杂。因此，翻译时可根据复句或句子间的逻辑关系，适当将句子分成几句来翻译，这样可以使结构利落，译文意思表达得更加清晰、明白，符合英语的表达习惯。

例1：但他性情与人不同，不求名利，不交朋友，终日只是忙于自己的本职工作。

译文：He is, however, eccentric. He does not seek fame and gain, and does not like to make friends. Every day he is only engaged in his own job.

3. 合句法

在汉语里面很少有关系词以及结构的变化，句子都是靠着逻辑以及时间顺序去排列的，而英语句子结构呈现叠床架屋结构。要是我们直接把英语翻译成汉语，就会发现整篇文章变得十分零散，句与句之间相互分离。这不符合英语句子的结构特征。因此，翻译汉语时，不能看一句译一句，要对几个句子从意思上一起分析，根据英语句子结构灵活多样的优势，将逻辑上有关系的几个句子合起来处理，译成一句比较精练的英语句子。在汉语句子比较复杂，很难直译或破句的时候，常常采用合句手段进行处理。

例1：有个年轻人，名叫颜回，家里很穷，缺吃少穿，住的房子又小又破。

译文：There was a young man named Yanhui, who was so poor that his family lived in a small, dilapidated house with insufficient food and clothing.

第三节　英语段落翻译

一、段落翻译概述

要进行段落翻译，首先要弄清句群的概念。句群是一群句子的组合，是大于句子、小于段落的语法单位和表意单位。一个句群起码包含两个以上的句子，它们在语法上有结构关系，在语义上有逻辑关系，在语流中衔接连贯。①

句群在形式上有前后衔接性。每一个成分之间必须有联系。如果一个句群的几个句子被插入的成分断开，那么断续的结合处就要求有明显的衔接标志。

句群在意义上有相对完整性，在表达上具有指向中心性。句群中的句子之间的联系紧密，通常前后连贯，构成一个整体，共同表达相对完整而又较为复杂的中心思想。它们在语义表达上通常有中心和支撑的关系，充当支撑句的构成成分需要满足"指向中心"的条件。通常一个句子是中心，表明所在句群的中心思想；其他句子是支撑，围绕中心思想展开叙述、说明、描写、论证、抒情。有时，句群的中心思想可从组成句子中归纳出来。例如：①傍晚时分，上灯了，一点点昏黄的光，烘托出一片安静而和平的夜。②在乡下，小路上，石桥边，有撑起伞慢慢走着的人，地里还有工作的农民，披着蓑戴着笠。③他们的房屋，稀稀疏疏的，在雨里静默着。这个句群由三个句子组成。句①和句③是单句，句②是复句，句末都用句号。这里，句①概述情景总的特点，是作为表意的中心句。句②和句③从相关角度进行具体描写。

虽然句群常常与段落相重合，即一个句群可能组成一个段落，但句群也可能小于段落，如一个段落可能包含几个句群，一个段落也可能只有一个句子，不成为句群。

句群层次的翻译操作强调超群意识。句群范围内的句子都是按照合理的、易

---

①　赵红军. 英语翻译基础 [M]. 沈阳：东北大学出版社，2014：126–127.

于理解的逻辑关系连接成一个整体。这些关系既包含语法关系，又有语义与逻辑关系，如并列、承接、递进、选择、转折、因果、假设、条件等；它们既可以靠语序表示，也可借助虚词表示。要理解原文意义，就必须识别句群，找出句群中句子之间的关系，否则容易造成译文逻辑紊乱。前面已经提到，不管一个句群由多少个句子组成，都必须有一个中心思想，维系着几个句子之间的逻辑联系，使它们成为一个整体。有鉴于此，译者应当尽量克服就词论词、就句论句的局部翻译倾向，应该围绕原文的中心思想，借助连接词、句法手段以及词、句的有序排列，实现译文的逻辑连贯。

不过，汉语与英语在句法上的差异较大，汉语多意合结构，英语多形合结构。遇到这种情况，译者需要用合乎译语规范的手段复制原文的衔接和连贯关系，这样才能在译文中将原句群的功能和意义异曲同工地表现出来。

段落由句群和句群或者句群和句子组成，从表达内容上看，容量比句子大得多，意义也复杂得多。段落比句子更充分地表达了作者的思想，有助于读者理解作者的思路。对作者而言，分段可将复杂的思想化整为零，分别讨论，使每部分为全篇的中心思想服务；对读者而言，分段有助于在一段时间内重点获得一种信息，理解一种思想，从而将理解细节与理解全篇内容结合起来。

汉语段落和英语段落具有类似特征，都是相对完整的单位。段中的句群和句子都为表达中心意义服务。段内使用的语言与内容应协调一致，句子之间与句群之间的意思连贯，语序则根据内在的逻辑顺序进行安排。不过，汉语段落可以包含一个或一个以上的主题。英语段落一般只有一个主题，通常有一个明显的主题句。无论是英语还是汉语，各段落的主题都是篇章主题的一部分，在篇章中起着承上启下的作用。

段落具有明确的始末标记，是小于语篇的语义单位，是一个在概念上比句子更大的翻译分析单位。它既可能是几个句群，也可能是一个句群，还可能只是一个句子，甚至是一个词。以段落为单位对原语进行分析，较之以句子为单位的分析更有利于译者把握原文作者意向及原文逻辑关联。从翻译实践出发，这里所讲的是至少由一个句群组成的段落。先谈英汉段落对比，再说英汉段落的译法。

（一）英汉段落的对比

段落是具有明确始末标记的、语义相对完整、交际功能相对独立的语篇单位。英语段落的构成大致可分为两类：一类是典型的"主题句—阐述句—总结句"结构，另一类则有点像汉语的以某一中心思想统领的形散神聚结构，但注重形合的英语常常使用许多衔接和连贯手段，以便从形式上显现各种组合关系。前一类结构的主题句标明段落的主题思想，接下来的句子必须在语义上与这一主题关联，在逻辑上演绎严谨。这一特征在英语的论说文中表现得尤为突出。而汉语段落通常都围绕一个较为含蓄的中心思想，其表述方式多为迂回式和流散式的，句际之间的意义关联可以是隐约的、似断非断的。当然，也有不少十分注重逻辑推演的段落，句际之间环环相扣，但有相当数量的汉语段落都是形分意合的，没有英语中常见的那些连接词。这种现象的背后当然是中英思维方式上的某些差异。另外，段落构成在不同体裁的文章中也有明显的差异。比较一下英汉语段落构成情况，可以说它们是同中有异、异中有同，异略大于同。

（二）英汉段落翻译的意义

译者应先将段落作为一个有机整体进行分析，再进一步深入到词句，在转换时，一定要使局部服从整体。从段落模式来看，英译汉时，一般都可保留原模式，以尽量做到形神意兼似。

探讨段落翻译的必要性与重要性主要在于三个方面：第一，前面讲过的有关词语和句子的翻译技巧，在段落翻译中得到了最为综合而灵活的运用。第二，段落翻译有其自身所特有的规则和技巧，需要我们熟悉和掌握。第三，段落翻译是检测翻译水平高低的重要途径。因此，接下来本书着重讨论段落翻译的一些基本规则与技巧。

二、段落翻译的规则与技巧

（一）逻辑增补

由于汉英民族思维方式的不同及其体现在语言表达上的差异，翻译中，译者有时要做逻辑上的引申增补。

例1：杭州的龙井茶为我国绿茶中的极品，以虎跑泉水冲饮，清香扑鼻，甘醇无比。

译文：Hangzhou's Longjing Tea, the best of China's green tea, requires the water from the Tiger Spring to bring out its fragrance and delicacy.

解析：译文通过逻辑引申，增补了 bring out 一语，点明了句子各部分间的逻辑联系，使整个句子结构紧密，句意通顺。

（二）视点转换

任何一种语言都局限于自己特定的文化背景中，并在各自源远流长的历史中形成了自己独特的表达方式，同时，使用不同语言的读者也形成了对自己所属的那个语言系统独特表达方式的习惯性。这就要求译者在必要时重组原语信息的表层形式，转换表达角度，使译文更符合译语习惯，更易于被读者接受，更有利于译文预期功能的实现。这就是所谓的"视点转换"。

视点转换，或称角度转换，是从与原语不同或者相反的角度来传达同样的信息。视点转换是指译者在充分理解原文的基础上，突破语言外壳，改变对原文的思索方向，从另一个角度来表达原文含义，使译文更加地道、顺畅地体现原文的表达效果。从广义上来说，视点转换包括相对性的转换、正说和反说转换（反译法）、词类转换、语态转换、句子成分转换等。这里重点介绍相对性的转换。英汉翻译中，有时很难从字面上找到完全对等的译入语词汇。此时，不妨跳出原文形式，不落窠臼，换个角度，利用事物的相对性来表达原文。

下述两种情况可运用相对性的转换：

（1）原文直译不容易懂，可能招致误解或者在译语中找不到近似或等值成分。

例 1：riot police

译文：防暴警察（而非暴乱警察）

例 2：He lived in a room with a southern exposure.

译文：他住的是一间北屋。

（2）直译虽然可以理解，但不合乎译语的习惯说法。

例 1："Well, you need not let go your hold of me so thanklessly the moment you feel yourself out of danger."

译文："好，刚一脱离危险，你就这样无情无义地撒开手，你想想你应该不应该？"

例2：Her parents are both in their seventies.

译文：她父母都已年过古稀。

对转换单位进行转换时使用的"具体化""抽象化""解释法"的共同点是至少保留了原词语的核心意义。但有时这种核心意义很难保留，其原因就是：语言符号的声音与其代表的事物之间的关系是任意的、约定俗成的，不同民族的"俗"，或者说其文化，不可能没有差异。这种差异必然会反映到语言之中，同一思想，在不同语言中的表达方式可能差异很大。在这种情况下，翻译时可能需要采用"视点转换"的手段，即换一个角度来观察事物，用不同的词语来描写相同的事物，其结果是翻译中的"替换法"。使用"替换法"不能胡乱选用另一个毫不相干的词语来替换一个词语，要求替换词语与被替换词语的所指统一。在翻译工作中应对语义进行充分的逻辑分析，时刻留心各种视角的转换工作，做到"钻进去，跳出来"，钻进去将"原文融会于心"，跳出来选择符合译入语的恰当表达角度，避免译文因原文语言形式的束缚而生硬晦涩。

（三）调整与重组

在句子结构上，汉语表现为既有整句，也有大量的零句。整句有主谓结构；零句没有主谓结构，由词或词组组成。零句是汉语的基本句型，可以做整句的谓语，也可以做整句的主语。汉语中的整句常由零句组成，一个短句接一个短句，流泻铺排，形散神聚，呈典型的流散形句式，即意合衔接，不加连接词。英语里类似汉语的零句叫作"破句"。这类句式也没有完整的主谓结构，只有词、短语或从句，在英语里，除在特定语境中使用外（如用于对话、标题、告示、广告等），属于语法错误。通常来讲，英语重形合，讲求结构的完整和严密，破句不属于常规句式。

汉语的零句如果悉字照译，译文必然或不合英语语法，或拖沓冗长，松散无力，不合英语行文规范。因此，翻译一般长句时，关键在于分清主从关系，削去枝蔓，找出主干，在分析各部分逻辑语义内涵的基础上，抓住主要信息点，定其为主干句，其他修饰成分部分使用相应的语法手段和词汇手段与主句进行有机组合。翻译一个由数个零句分散组成的汉语句子时，则需将其组合成完整严密的英语句子。

例1：创建于1866年的福建船政学堂，是中国最早的科技专科学校。学堂海纳百川，领风气之先，开中国新式教育之先河，既引进外国先进科技、人才及办学模式，中西合璧，培育新人，又选派优秀学生出洋留学深造。

译　文：Founded in 1866, Fujian Marine Art College was the first polytechnic school in China. Leading in the country, the college was a pioneer of modem schools where advanced technologies and new ways of school running from the West were introduced to meet with the best in the Chinese educational system. It was also where many talented people were selected to study abroad.

解析：此段汉语原文体现了典型的汉语行文方式，讲究对仗、文采华丽，大量使用零句和四字结构。如果逐字译出，译文势必会显得累赘多余，啰唆重复。根据英语行文用词注重上下文照应和逻辑上合理搭配的特点，以上译文突出信息重点，对原文进行了重组，较好地保证了译文在译语语境中的可读性。

翻译不仅是语言的转换过程，同时也是一个逻辑思维调整的过程。翻译往往需要对原文进行语义逻辑的调整与重组。这一点，在段落翻译中表现得比较明显。

例2：I cannot say of myself what Johnson said of Pope："He never passed a fault un-amended by indifference, nor quitted it by despair." I do not write as I want to; I write as I can.

译文：约翰逊谈到蒲伯时说过："他从不会因为漫不经心而放过一个小小的错处，也不会因为无能为力而善罢甘休。"我可不能说是这样写作的，因为我写东西是尽力而为，而不是随心所欲。

解析：译文从语义上讲，先说相关的内容，然后回过头来再结合自身谈下去，逻辑上比较连贯。从结构上讲，把I cannot say of myself 调整后移，非常恰当。

翻译段落时，不能拘泥于字与字、词与词、句与句的机械对应，应该在正确理解和忠实原文内容的基础上，从原文表达形式的束缚中解放出来，根据需要，灵活重建段落结构。无论原文的内容如何错综复杂，只要译文遵循译语逻辑序列习惯，仍然可以做到主次分明，层次清楚。作为相对完整的语言单位，段落经常围绕一个中心思想展开论说或叙述，所有句子都服务于这个中心思想。既然如此，每个句子在结构上的独立性自然而然受到削弱；翻译时译者不妨根据需要，把原文的句子打散重组。

例3：我很爱上学。我老觉得学校里有不少的花，其实并没有；只是一想起学校就想到花罢了，正像一想起爸的坟就想起城外的月牙儿——在野外的小风里歪歪着。妈妈是很爱花的，虽然买不起，可是有人送给她一朵，她就很喜欢地戴在头上。我有机会便给她折一两朵来；戴上朵鲜花，妈妈的后影还是很年轻似的。妈妈喜欢，我也喜欢。在学校里我也很喜欢。也许因为这个，我想起学校便想起花来。

（老舍：《月牙儿》）

译　文：I love going to school. I had the feeling that the schoolyard was full of flowers, though, actually, this wasn't so. Yet whenever I think of school I think of flowers. Just as whenever I think of Papa's grave I think of a crescent moon outside the city-hanging crooked in the wind blowing across the fields.

Mama loved flowers too. She couldn't afford them, but if anyone ever sent her any, she pinned them in her hair. Once I had the chance to pick a couple for her. With the fresh flowers in her hair, she looked very young from the back. She was happy, and so was I.

Going to school also made me very glad. Perhaps this is the reason whenever I think of school I think of flowers.

（沙搏理译）

分析：译文以三个段落翻译原文，这是因为原文可分为三层含义。第一层：学校和花的关系；第二层：妈妈对花的钟爱；第三层："我"爱学校，爱花。原文虽以一段的形式出现，但译文并没有拘泥于形式，灵活地重建了段落组织，再加上对一些特有情感意味的词语诸如"月牙儿""戴上朵鲜花""歪歪着"的合理翻译，使译文读起来朗朗上口，特别地道。

（四）删减与改写

1. 删减

英语、汉语各有其独特的表达习惯、语言结构和写作风格，各自语篇的语体规范大不一样。有时为了语言生动和加强语气的需要，汉语常用具体形象词语或四字词组做比喻，或连续使用几个意义相近的词语或零句。但是，这些在汉语语境中生动自然、语气强调的文字，若照样译出，译文常常会显得累赘、臃肿、呆板无力，达不到预期的效果。为有效突出译文功能，实现语篇的交际意图，译者常常需要对原文信息删繁就简，省去次要的词句或用笼统的词句加以概括，对句子做必要的简略化和压缩处理，从而使译文在译语语境中达到预期效果。

例1：我们从事了10年的英语教学，教学质量高，教学经验丰富，在世界各地有成功办学的范例。

译文：We have over ten years of experience in teaching quality English and have successfully managed schools in different parts of the world.

分析：原文一句话里，重复出现了三处"教学"，另外还有一些在英语语境中不合适的夸张词和范畴词。译文根据英语表达习惯，突出信息功能，省去了冗余信息，译文可读性强。

例2：中餐烹调所用的天然配料，品种繁多，几无穷尽；烹调方法，亦层出不穷，不可悉数，凡此种种，举世无双。

译文：The nearly endless variety of natural ingredients and methods of preparation employed in Chinese cuisine stand out unequaled in the world.

分析：原文连续使用了几个意义相近的短语，译文根据英语表达习惯，删去了同义重复部分，并用笼统的词句加以概括。译文严密完整，句意清晰。

2. 改写

改写指的是为了达到译文预期目的，考虑不同政治、经济、文化背景、语言和语篇特点，从符合译文读者接受期望的角度，对原文内容或形式进行重新组织和调整。它是译者以分析原文为基础，以实现译文功能为目的所作出的理性选择，并非不负责任地胡乱改写和凭空捏造。

例1：云南有26个少数民族，是中国少数民族种类最多的省份。各民族的服饰、建筑、风俗、歌舞、饮食等，形成了一幅美丽的风情画卷。

译文：Home to 26 ethnic groups—the largest number in China —Yunnan Province offers tourists a cultural feast of unique ethnic costumes, architecture, cuisine, songs, dances and rituals.

分析：此段文字出自一篇介绍云南的旅游宣传资料，其译文预期功能为吸引外国游客到云南旅游。为了实现这一目的，译文应顺从译语语言与文化环境的规范和标准，让读者乐于接受，同时使用富有感染力的表达方式。很显然，以上原文如果采用直译，要么文理不通，要么乏味平淡。因此，译文对原文内容和结构均进行了一些改写。如第一句中"有"的处理，译文将其改为 home to。这一感情色彩浓厚的词语（家园）显然比平铺直叙地简单译为 "there are" 更能引起读者的共鸣，对该旅游目的地产生亲近感。同样，"风情画卷"在汉语里顺理成章，但是译成 "a picture scroll of customs" 似乎逻辑不通。改写后的译文 offer tourists a cultural feast of unique ethnic costumes, architecture, cuisine, songs, dances and rituals 目标对象明确，富有鼓动力。此外，原文两个句子的表层结构在译文中也进行了重组，合并为一个句子，在组篇模式上更接近译文，更符合译语读者的接受习惯。

第四节　英语篇章翻译

一、篇章概述

篇章是比词、句和段落更大的语言概念。一般来讲，它总是由段落组成，而段落又由句子组成，句子又含有词组和词。它不只是一连串句子和段落的集合，也是一个结构完整、功能明确的语义统一体。它的意义蕴含在篇章之中，句表句里，字里行间。篇章是语言在交际中，特别是书面交际中的对象和理想单位。篇章的表现形式很灵活，短的可以只有一个词，长的可以是鸿篇巨制。标语口号、产品说明、通知、信件、便条、借条、合同、契约、遗嘱、新闻、报道、天气预报、散文、小说、诗歌等都可成为篇章。[1]

---

[1] 赵红军. 英语翻译基础 [M]. 沈阳：东北大学出版社，2014：143.

篇章的结构因文体不同而不同。汉语的文体可分两大类：实用性文体和文艺性文体。实用性文体有书信、便条、电报、公文、广告、启事、书信、说明书、科研报告、法律条文等，文艺性文体有诗歌、小说、散文、曲艺和戏剧等。英语的文体可分为六大类：新闻报刊、论述文体、公文文体、描述及叙述文体、科技文体和应用文体。

篇章讲究章法。按照传统方法，汉语篇章的章法可概括为起、承、转、合；按照现在简单的划分，可分为开头、正文、结尾三个部分。汉语文章曲折，不强调开门见山（科技文章不在此列），即使是文章的开头，也往往不立即"显山露水"，而是将人"引"入"胜境"。英语文章一开头便要求点题，而且要有趣味。

正文是文章的主体。汉语的正文起"承转"作用，是文章的核心部分，也是文章最重要的部分。这部分的写法，虽因作者风格而异，描写论理可由近及远，也可由远及近，随作者的意念"承转"，但终究离不开"曲"这一整体特征。英文的正文是论理部分。总之，篇章模式取决于思维模式，东方人的思维模式呈螺旋型，而西方人的思维模式呈直线型，因此在谋篇布局上，汉英篇章自然不同。

篇章是一个层次体系，但绝不是语段和语句的叠加，而是一种有机的、动态的组合。其意义蕴含在篇章之中。所以，要翻译篇章，就要首先理解篇章。

（一）篇章内部的环境：语境

语境指篇章内部的环境，即语言文字所处的言语环境。是指上下文，即词、短语、语句或篇章的前后关系。根据释义的范围，又可分为情景语境和文化语境。

1. 情景语境

情景语境指篇章产生时周围的情况、事件的性质、参与者的关系、时间、地点方式等；也指在篇章中，需要参考使用语言时所发生的事件和时空方式等因素，才能得出正确的句子含义的言语环境。从这种意义上讲，情景语境具有即时性或共时性。

例1："It's strange"，the old man said，"He never went turtling. That's what kills the eyes."

译文："这倒也奇怪，"老头儿说，"他是从来不去钓海龟的，钓海龟才伤眼睛呢。"

解析：译文将"kill"译成"伤"，而非该词的本义"杀"，完全是上下文语境使然。

2. 文化语境

文化语境指使用这一语言的人共有的文化背景，包括语言系统本身和语言系统相关的社会状况、历史传统、风俗习惯、思维方式、价值观念等，即整个语言系统的环境，是社会的产物。语言出现在一定的文化语境中，从这种意义上讲，文化语境具有历时性，也就是说，篇章的意义有赖于文化相关性。所以，在翻译过程中，译者要十分注意隐藏在语句及篇章之中的文化相关性。

例1：——"You should not be discouraged." Mother said to us gently.

——We all shook our heads.

译文：——妈妈和蔼地对我们说："别泄气，孩子们。"

——我们都点了点头。

解析：这组对话的英文和中文从字面上看，是不一致的，中文将原文的 you 译成了"孩子们"，shook our heads 译为"我们点了点头"，此译文完全是出于中英文化的逻辑及其表达方式的差异而改变的，you 译成"孩子们"更符合中国家庭交际文化氛围。shook our heads 如果直译成"我们摇了摇头"，所要表达的意思是"不，我们要泄气"，刚好与原文所要表达的意思相反。所以只有改译成"我们都点了点头"才符合原文的深层意义。

(二) 篇章的语域

语域指语言随着使用场合、环境、目的、交际关系的不同而产生的变体，是指在特定的语言环境中使用的，有一定的语言特征的语言变体。涉及书面与口头、正式与非正式、礼貌与粗俗、轻松与严肃等方面。换言之，语域是在不同的话语范围内使用的涉及职业、身份、情景或话题等的语言变体。例如：口语体和书面体不同，一般说来，书面体往往比口语体正式；法律语体与新闻或科技语体不同，它们各有其不同的语言特征；正式的会议和私下的交谈所用的词汇及句式也有所不同。语域的特点主要反映在词语及语法结构的差异等各个层面。

1. 汉语的语域特征

据郭著章教授研究，从语音、词汇、句子和段落这四种语言层面，可以看出汉语的语域标志，其中比较明显的语域标志存在于音、词和句三个层面，以词汇层面的语域标志最为明显。

（1）语音层面的语域特征。汉语中的"儿"化词尾以及人们为了模仿实际发音而选用的一些字、词，常见于口语和非正式语言中，一般在正式文体中不宜使用。例如：高招儿、盖儿、魂儿、小花猫儿、小红花儿、雨点儿、小脑袋瓜儿、黑啦吧唧的、孬、甭等。文学作品在描写人物时，为了取得惟妙惟肖的效果，常常使用这些语音层面的语域标志。

（2）词汇层面的语域特征。汉语中有大量的同义词，包括单音节字、双音节词组和四字词组（包括四字成语），以四字词组最为正式。例如："干净"和"窗明几净"、"恭敬"和"毕恭毕敬"。

（3）句子层面的语域特征。口语体的句子比较自由、简短、富于变化，书面语体、公文体句子比较完整、讲究结构。

（4）段落层面的语域特征。运用排比和反复等修辞格。

2. 英语的语域特征

相形之下，英语的语域标志和汉语的语域标志既有相同的一面，又有不同的一面。相似之处在于，英语中也可以按照语音、词汇、句子和段落这四个语言层面来研究语域特征。

（1）语音层面的语域特征。口语或非正式文体中，经常有非正式拼写形式，如 yeah（yes）、feller（fellow）、kinda（kind of）、gotta（got to）、gonna（going to）、ain't（am not、are not、is not、have not、has not）等，或者反复使用缩写形式，如 I've、we'll、you'd、they're 等。这些形式在日常口语中经常出现，在文学语篇中也随处可见，但不能出现在正式文体中，如法律文件、政府公文及合同中。还有一种常见的语音层面的语域标志是单词大写或使用斜体，表示强调。这种情况在销售合同中最为常见。

（2）词汇层面的语域特征。在词汇层面上有大量的语域标志，其中同义词构成不同的语域特征。词类、词源及词的不同搭配都可以形成不同的语域标志。在同根词中，名词一般比动词正式；单个动词比同义的动词短语正式；法语词源的英语词比英语固有的词正式。

英语中同义词的来源不同，主要由三大部分组成：第一部分属本族词，盎格鲁－撒克逊词，它们构成英语最基本的词汇，如家庭成员、自然界、时间等。第二部分属法语词，包括涉及政府、行政管理、法律、宗教事务、服饰等方面的词。第三部分属拉丁词，主要涉及医学、法律、神学、科学和文学等方面，这些词首先是中古时期通过法语进入英语的。一般说来，盎格鲁－撒克逊词最常见、最口语化，朴素亲切；法语词较庄严、文雅；拉丁词多为书面语，书卷气息较浓。

英语词大多属于中性，词典中占大多数的不带说明性的词都属这一类，其中包括英语的许多基本词汇。此外，英语词典还有"正式"和"非正式"之分。凡注有"正式"字样的词都是书面词，多来自拉丁语，用于学术性科学论文、正式演讲、官方文件、公文书信等。注有"非正式"字样的词又分为"标准语"与"非标准语"。"非正式"用词中属"标准语"的称为"口语词"，"口语词"主要由盎格鲁－撒克逊词组成，用于日常生活及一般谈话等非正式场合，也用于文学作品。在"非正式"用词中，有一类特殊的词汇，即"俚语"，这样的俚语词汇不能随便使用，只能用于特殊的场合和人群。

（3）句子层面的语域特征。句子层面的语域特征也比较明显。口语体英语的语域标志是：句子短小；偶有长句，但是结构松散；省略句多；多用插入语、口头语或个人特点的言语。而正式语体属于高雅语体，特别是有关政治、法律、学术等话题比较严肃的语体，其语域特征是：句子长、结构复杂、几乎不使用省略句或插入语。

（4）段落层面的语域特征。其主要语域特征是可以从过渡词的使用、句子的排列、标点符号和某些顺序数词的用法等方面反映出来。另外，运用排比、重复对仗等修辞手段，使文体高雅、正式。

翻译篇章时，辨认语域特征非常重要，特别是翻译文学作品时尤为重要。要正确传译原文的风格，就要注意识别并认真分析原文的语域特征，使译文既忠实于原文的内容，又忠实于原文的语言风格，从而揭示原文的意蕴，并尽量在译文中体现出来。语域是篇章翻译中一个不可忽视的方面，好的译文不仅要译出原文的意义，还要将原文的语域特点表现出来，达到原文想要达到的效果。

（三）篇章之间的互文性

互文性是指文本或篇章之间的关系，一个文本或篇章中的一些文字，无论是一个词还是一句话，甚至一段文字，使读者可以联想到其他文本中的文字而产生的意义。简言之，互文性就是指"文"之间的关系。互文性的一个关键问题就是所谓的意图性。主要是作者有心使用这一表达，要达到一种目的或效果。这就要求说者有心，听者也要有意。不然就达不到互文所指之义，也就达不到作者之意图。这里说的读者有意是指读者要有相应的知识储备，能够"由此及彼"或"后呼前应"。

二、英汉篇章的拓展模式

（一）英汉篇章拓展模式的差异分析

（1）英语民族与汉语民族思维方式不同。文化篇章的拓展模式受到人类思维模式的影响，由于不同民族的思维习惯是有一定差异的，因而篇章的拓展模式也有着一定的差异。英语民族的思维模式是直线型，所以其篇章的拓展模式也是直线型，即篇章的推进是按照一条直线展开的。汉语民族的思维模式是螺旋型，因而其篇章的拓展模式也是螺旋型结构，即篇章的推进具有一定的反复性，如作者在谈到几个问题时，谈完后面的问题，可能又回过头来涉及前面已讨论过的、但自己认为有必要强调或者没有分析清楚的问题。现代汉语由于受到英语语言和文化的影响，存在着类似英语的归纳性篇章结构，但是，传统的螺旋型结构篇章拓展模式仍然大量存在。

（2）英语分段比汉语严格。一般说来，英语每个段落都是围绕着一个中心思想展开的。相对而言，汉语的分段并不那么严格，段落的长度一般也比英语短。汉语作为一种"语义型"语言，无论是句子还是段落，在很大程度上都表现为一种以意合法为主要手段的意念流，句子与句子之间没有明显的标记，而且分段也有很大的随意性。

（3）英汉篇章在信息布局以及时空顺序等方面都存在差异。篇章的信息指的是具有描写、提供背景功能的信息和具有叙事功能的信息，两类信息在英汉两种语言中常呈现不同的布局：英语由于重形合，两类信息常混合在一个句子中；

而汉语由于重意合，两类信息常分开处理，各自聚集在不同的句子中。在时间顺序的运用中，汉语重临摹性，英语重结构性。在空间顺序的运用中，英语的空间标记比汉语多，空间框架更为外表化。

（二）英汉篇章拓展模式的翻译步骤

鉴于英语和汉语在篇章的信息拓展和段落结构方面的差异，英汉互译时对篇章进行调整成为必要的步骤，译者可以从以下两个方面入手：

1. 确定主题句

汉译英时，把汉语的螺旋型结构调整为英语的直线型结构。英语的直线型结构往往使主题句出现在段首，而汉语则受"起、承、转、合"的影响，主题往往会出现在不同的地方，有时不止一次出现，有时则是隐含的。因此，在非文学类的汉译英翻译中，确定主题句是译者必须要考虑的。

（1）改写段首句，使其担当英语段落主题句。在一些如说明和论述的正式文体中，英语篇章的主题句应该显得比较正式。为了获得这种效果，也可以考虑将汉语篇章的前几句合在一起，使得主题句拉长，以负载更多的信息。

（2）移动主题句。将汉语段落中的主要信息提前。英文段落往往先给出中心思想，然后说明细节内容；而汉语段落往往先给出事情的前因后果，后得出结论（即中心思想）。

（3）根据汉语段落的意义给英文译文的段落增加主题句。许多汉语段落并没有哪个句子能统领全局，起到类似英文主题句的作用，因此，汉译英时，就需要根据段落的意义为英文段落增加主题句。

2. 调整篇章结构

由于英语段落一般围绕一个中心话题，段落内的每句话都紧密地围绕这一中心话题展开，而汉语段落划分则自由得多，因此翻译时，需要调整段落。

（1）段落多余信息的删减。汉语段落结构相对松散，因此，译成英语时，可以根据需要做一定的删减。而删减的部分，如有必要，可以在篇章其他段落中补充出来。

（2）段落的拆分和组合。无论是汉译英还是英译汉，段落的拆分和组合有时都是必要的，目的是使译文更符合译入语的篇章规范。

（3）调整信息的排列顺序。

总之，由于英语篇章是直线型结构，往往先陈述段落的中心思想，分段相对严格，逻辑比较严谨，那么汉译英时，如果汉语原文中没出现主题句或出现在段首以外的地方，就应该加入主题句或把主题句移到段首；如果汉语原文是比较正式的说明文或论述文，可以通过改写段落首句的办法来使译文的主题句显得更加正式；如果汉语原文由于螺旋型的思维而显得结构松散、逻辑性差或语义不清，那么就通过段落信息的删减、段落的拆分和组合等方法使译文层次分明、结构严谨、逻辑严密。而由于汉语篇章是螺旋型结构，词句或分句之间往往不用语言形式手段连接，句子与句子之间没有明显的标记，分段也有较大的随意性，结构较松散，且常常先描写后叙述，先说背景再说主要信息，那么在英译汉时，就要把英语篇章的长句拆分成几个短句，少用关系连词，使译文既松散又流畅，并且先说背景再说信息，按照动作发生的时间顺序来安排行文。

三、衔接手段的转换

衔接手段指连接短语、分句和句子的方法。汉英两种语言的衔接手段大致相同，主要有重复手段，指通过运用词的重复起衔接作用；替换手段，指用一个单位代替另一个单位起衔接作用，如用代词、省略（零位）等同义异形手段来代替同一词语的重复；连接手段，指通过连接成分的运用，使句子内部和句子间产生信息的连续性，而且明确显示时间、因果、假设、转折等关系，从而使句子各部分表层结构上相互衔接，达到连贯，即所谓"形合法"。但是，表示连接关系有时也可以不依靠连接成分，而是依靠句子间的内在语义、逻辑联系达到衔接效果，也就是所谓的"意合法"。虽然汉英语言都使用这些衔接手段，但它们使用的范围和频度却不一样。由于英汉文化、语言结构、行文习惯的差异，英汉语言在组织成篇时所采用的衔接手段也必然存在差异。在翻译篇章时，译者要考虑用符合汉语习惯的表达方式把原文信息重新表达出来。重新表达不仅需要词汇方面的转换，还需采取一些相应的策略对译文的衔接进行重组，从而实现译文的连贯。因此，翻译时常常要进行衔接手段的转换。

篇章作为一种"交际活动"，它必须具有七项标准：衔接、连贯性、意向性、可接受性、语境、信息性和互文性。在七项标准中,"衔接"和"连贯"是最重要的,因为这是实现其他标准的基本手段。衔接是篇章特征的重要内容,它是一个语义概念,体现在篇章的表层结构上。

衔接手段大致可分为词汇衔接和语法衔接两种。

(一)词汇衔接

词汇衔接是指运用词语达到篇章衔接目的的手段。词汇衔接可以分为同义衔接和组合衔接。而同义衔接又可以进一步分为同义词、近义词、上义词、下义词和概括词等构成的词汇链。

在有些段落中,原文为了衔接往往重复某个中心词,或使用其同义或上下义词,从而使文章连贯一体。在翻译时,译者如果能把握好这些衔接词,并在头脑中形成一个逻辑脉络清晰的整体,就能在翻译时把握全局,有条不紊。

例1:It was a lovely spring day and the rose vine on the trellis was turning green. Under the huge elm trees, we could see yellow dandelions popping through the grass in bunches, as if a painter had touched our landscape with dabs of gold.

I watched my mother casually bend down by one of the clumps. "I think I'm going to dig up all these weeds." She said, yanking a blossom up by its roots. "From now on, we'll have only roses in this garden."

(Suzanne Chazin:My Mothers Gift)

译文:那真是一个可爱的春天,棚架上的蔷薇藤蔓正在转青。在一些高大的榆树下面,我们可以看到,一丛丛黄色的蒲公英冒出草坪,仿佛是一位画家为了给眼前的美景增色而着意加上的点点金色。

我看到母亲在一簇花丛旁漫不经心地弯下腰来。"我看得把这些野草都拔了",她说,一边使劲把一丛蒲公英连根拔出,"往后咱这院子里只让长蔷薇花。"

(姜建华译)

解析:原文中作者为了实现篇章的连贯,使用了词汇衔接手段。通过原文可以发现这些词贯穿整个篇章,给读者留下了一个清晰的脉络。原文中 yellow dandelions、dabs of gold、weeds 和 blossom 之间分别体现了同义、近义以及上下义关系。如果此时读者或译者没意识到这一系列关系,就可能出现理解错误。因此,翻译时,把握原文的词汇衔接有助于译者理解,推测出某些词表达的意思,从而准确传达原文信息。

(二)语法衔接

语法衔接包括指代(照应)、省略、替代和连接。

1. 指代(照应)

指代(照应)是衔接手段中最明显的一种,表示某个项目自己不能解释自己,而是必须到其他地方寻求其解释的现象。在词汇语法层面上,指代主要由语法项目来体现,主要分为三类:人称指代、指示指代和比较指代。人称指代主要由人称代词体现。指示指代主要由指示代词和指示副词体现。比较指代分为两类:普通比较和特殊比较,两者都由比较形容词和比较副词体现。

英语和汉语在指代衔接手段的运用方面确实存在差异。英语中,为了实现衔接,在某一意义的名词出现后,除非是要达到某种修辞效果,否则一般采用代词指代。这样,一方面可以避免篇章的累赘、重复,另一方面也可以使篇章主题鲜明,读起来逻辑清晰。相比之下,汉语倾向于重复前文出现的名词,或者采用"零式指称",即省略主语。

例1:我已经是一个中年人。一到中年,就有许多不愉快的现象,眼睛昏花了,记忆力减退了,头发开始秃脱而且变白了,意兴,体力,什么都不如年轻的时候,常不禁会感到难以名言的寂寞情味。

(夏丏尊:《中年人的寂寞》)

译 文:I am already a middle-aged man. At middle age, I feel sad to find my eyesight and memory failing, my hair thinning and graying, and myself no longer mentally and physical¬ly as fit as when I was young. I often suffer from a nameless loneliness.

(张培基译)

解析:这是汉语篇章中零式指称的典型例子。句首的"我"在随后的句子中多次被省略,这就是汉语篇章的特征。在翻译成英语时,译者使用了人称代词"I、my、myself"以便更好地体现句子之间的衔接关系。

由此可见,在英汉互译过程中,我们要注意两种语言在衔接手段上的差异,

第二章　英语翻译的技能分析

使译文更加符合译入语篇章的行文习惯。

2. 省略

省略是指某结构中未出现的词语可从篇章的其他小句或句子中找回。一般说来，省略的内容可以从篇章语境中推知，这就要求在翻译时考虑全文框架，把握具体语境。这种省略也可以认为是"零式指称"。省略可分为名词省略、动词省略和小句省略。

例1：A man is sometimes more generous when he has but a little money than when he has plenty, perhaps through fear of being thought to have but little.

（Benjamin Franklin：Three Great Rolls）

译文：人有的时候钱少了反倒比钱多了大方，也许是怕人嫌贫吧。

（张平功译）

解析：原文比较结构后半部分省略了 money 一词，本来应该是 ...than when he has plenty of money，这样在比较结构中省略句中出现过的名词的现象在英语中十分常见，合乎英文表达习惯。汉语倾向于重复句中出现的名词。译文采用了意译的方式，重复了句中出现的名词 money，符合汉语表达习惯。

英语中动词性省略（有时甚至是动词和名词一起省略），英译汉时却要注意，省略的动词（和名词）要加以补充。

例2：Histories make men wise; poets witty; the mathematics subtle; natural philosophy deep; moral grave; logic and rhetoric able to contend.

（F. Bacon：Of Studies）

译文：读史使人明智，读诗使人灵秀，数学使人周密，科学使人深刻，伦理学使人庄重，逻辑修辞之学使人善辩。

（王佐良译）

解析：英语中，物主代词是不能省略的，而汉语中是可以的。然而，英语中经常省略重复使用的动词，因此把这类句子译成汉语时，应首先找出被省略掉的重复使用的动词，并把它添加到译文中。

在语法衔接手段方面，英语语法是显性的，而汉语语法则是隐性的。汉语在表达上富有弹性，许多逻辑关系靠意义来表达，语法处于次要地位。汉语的省略只求达意，不考虑语法甚至不考虑逻辑。汉语省略的频率低于英语，往往用原词复现的方式来达到语篇的衔接。

3. 替代

替代是指用较简短的语言形式替代上文中的某些词语，常用来避免重复，使行文简练流畅。替代可分为名词替代、动词替代和小句替代或分句替代。

名词替代比较常见的是使用 one、ones 以及 the same 等代替前文中出现的某个名词，这样可以使英语行文简洁，更有条理。

例1：I never met a more interesting man than Mayhew. He was a lawyer in Detroit. He was an able and successful one. By the time he was thirty-five he had a large and a lucrative practice, he had amassed a competence, and he stood on the threshold of a distinguished career.

（William S. Naugham：Mayhew）

译文：我从未见过比梅休更有意思的人。梅休是底特律的一名律师，他精明能干，事业有成，35岁时就有一份收入不菲的工作。如今累累胜诉的他真可谓前程似锦。

（吉文凯译）

解析：原文第二句指出梅休是名律师，第三句为了避免重复，作者使用了替代，用 one 代替前文中的 lawyer 一词，这样处理符合英文追求简洁避免冗繁的习惯。在译成汉语时，译者要考虑汉语表达习惯。汉语一般会省略重复的词语，采取句型转换策略，将其变成动词短语。

动词替代是另一种常见的替代衔接手段，经常用助动词 do 的几种形式来代替前文出现的某个动词或动作意义。

例2：After the play, I took home the flower (the dandelion blossom) I had stuffed in the apron of my costume. My mother pressed it between two sheets of paper toweling in a dictionary, laughing as she did it that we were perhaps the only people who would press such a sorry-looking seed.

（Suzanne Chazin：My Mothers Gift）

译文：演出结束后，我把塞在演出服围裙里的那朵蒲公英带回家中。母亲用两张纸巾把它压平,然后夹在字典里。她一边夹花一边笑,似乎只有我们俩才会珍藏这样一朵打了蔫的野花。

(吉文凯译)

解析:原文为了行文简明,避免重复,使用 do 的过去式 did 代替前文的动作 pressed it between two sheets of paper toweling in a dictionary。翻译时,译者要理解原文替代衔接手段的运用,正确理解原文。在理解的基础上,要根据汉语表达习惯,明确其指代意义,将其意义译出。这样处理汉语读者容易接受,又可避免重复,是英译汉中处理动词替代比较常用的策略。

英语为了行文简洁,往往使用指示代词代替前面出现的某一小句或者某一概念,翻译时要注意汉语的表达习惯,尽量追求译文的简洁。

4. 连接

连接作为衔接手段,是使句子、分句和段落相互联系的形式标记。从语句衔接方式来说,英语多用"形合法",即在句法形式上使用连接词语将句子(分句)衔接起来,而汉语多用"意合法",即靠意义上的衔接而不是必须依赖连接词语。因而,英语多连接词语,而且这些连接词的出现频率也非常高。这些连接词语不仅有连词,例如,表示关系并列或递进的连接词:and、or、in addition to、furthermore、moreover、too、also;表示因果关系:because of、due to、as a result、therefore、accordingly、so、consequently、thus、hence、since;关系代词或副词:which、that、when、where;还有短语:in short、for example 等。汉语中虽然也有一些连接词,但在表达中,人们常常表现出一种少用或不用连接词的趋势。

例1:九岁时,母亲死去。父亲也就变了样,偶然打碎了一只杯子,他就要骂到使人发抖的程度。后来,就连父亲的眼睛也转了弯,每从他的身边经过,我就像自己的身上生了针刺一样:他斜视着你,他那高傲的眼光从鼻梁经过嘴角而后往下流着。

译 文:After mother died, when I was nine years old, father became worse. If you accidentally broke as small a thing as a cup, he would throw curses at you until you shivered all o-ver. Later, even his eyes could cast crinkled glances. Whenever I passed by him, he would eye me sideways, with his arrogant look streaming down along the bridge of his nose then off the comer of his mouth, making me feel as if pricked on needles.

解析：原文前两句有一定的因果关系，因此，使用连词 after 和 when 将其合译为一句。然后，使用 if 将条件显性化。随后用 later 和 whenever 将各句衔接起来。译文环环相扣，简练紧凑，反映了原文的脉络和意境。

四、篇章的语义连贯

衔接与连贯，都是前后语义关联的基本要求。一般而言，衔接往往可以从形式上看得出来。至于连贯，那就较为复杂了。连贯是词语、小句、句群在概念、逻辑上合理、恰当地连为一体的篇章特征。篇章的连贯指的是内容情节上（对于记叙文）的串联，或者是逻辑关系上（对于非记叙文）的贯通，总的来说，就是完整的语义关系，篇章各个部分的语义连接通顺而流畅。衔接通过有形的手段实现篇章的紧密完整，在很大程度上因语言而有别；而连贯则通过无形的手段体现篇章的内聚力，是各种语言所共有的。不过，语义的逻辑关系经常隐藏于篇章的字里行间，处于篇章的底层。翻译时需要特别注意吃透原文精神，将字里行间的意思弄明白，才能从看似孤立、实则关联的句子中找到主题脉络，再通过增词等技巧再现原文的思想内容。

翻译学习和工作的最终目标并不是实现字词、句子的对译，而是要给读者提供逻辑清晰、布局合理的译文。因而，把握篇章的连贯对译者来说是个极其重要的要求。

例1：蜜蜂这物件，最爱劳动。广东天气好，花又多，蜜蜂一年四季都不闲着。酿的蜜多，自己吃的可有限。每回割蜜，给它们留一点点糖，够它们吃的就行了。它们从来不争，也不计较什么，还是继续劳动、继续酿蜜，整日整夜不辞辛苦。

（杨朔：《荔枝蜜》）

译　文：The bees are industrious. They work the whole year around, Since our province has warm weather and plenty of flowers. Though they produce much honey, they eat only a fraction of it. Each time we extract it we leave them a little sugar. They never argue or complain, just go on producing honey day after day.

解析：这是一个非常典型的汉语意合篇章。篇章的衔接主要靠的是意义上的连贯。译者在翻译时，一方面很巧妙地利用了原文中业已存在的清新、流畅的连贯结构；另一方面根据英语重形合的特点，添加了though、it、we等词语，使译文更加紧凑连贯。

五、篇章的布局

从篇章角度来看，布局主要指段落安排。虽然原作谋篇布局已成定式，但局部的调整也是常有的事。这是因为两种语言的段落划分标准不一样。一般来说，英语的自然段较短，二三句语义相关的话放在一起即可成段。英语一句话述说一件事，构成自然段的情况也很多。汉语自然段经常大于英语自然段，强调段落中心意思的完整性。

例1：A ball has no power by which it can put itself in motion but as soon as you throw it, you impart energy to it and this is why it speeds through the air. When the ball is once put into motion, it would continue moving on in a straight line for an indefinite length of time unless the resistance of the air and the pull of gravity opposed it and made it fall. The ball requires a certain length of time for starting and, likewise, for stopping. It is this property that one calls inertia.

An electric current acts in that very way. That is to say, it takes time to start and once star¬ted it takes time to stop. The factor of the circuit to make it act like that is its inductance.

In its effect, inductance may be also compared to the inertia of water flowing in a pipe.

译文：球本身并不是具有使其进入运动状态的动力，但你一掷它，就给了它能量，这就是它为什么快速飞入空中的道理。球一旦进入运动状态，就会沿着直线无限期地继续运动下去，除非空气的阻力和重力的拉力阻止它并使它落下来。球需要一定的时间起动，而一旦起动了，则需要时间停止。这个性质就是人们所称的惯性。

电流的动作方式也是这样,即:它需要时间起动,而一旦起动了,则需要时间停止。使电流这样运动的电路因素是它的电感。就效果而言,电感也可比作在管子里流动的水的惯性。

分析:原文第一段讲球(物体)的惯性,第二段将电感与物体惯性进行比较,第三段将电感与流动的水的惯性做比较。第一段意思单一而完整,译成汉语可以独立成段。原文第二、三段从不同角度来讨论电感与惯性的关系,形成两个自然段。从汉语逻辑来看,两段意义属同一中心(电感),紧密相连,因此,应将第二、三两段合并译出。

第三章　英语常见题材的翻译实践

第一节　科技题材类翻译实践

一、科技英语概述

科技英语是专门用途英语（ESP）的一个分支。科技英语是随着科技的发展逐渐产生的新的文体形式。科技英语一般运用于英语写作的论文、实验报告、专利说明书，既包括自然科学领域，也涵盖了社会科学的各个领域，使用范围非常广。

随着我国科学技术与市场经济的迅速发展，社会对外语人才的需求重心也发生了明显的变化。科技英语对英语专业学生的重要性是不言而喻的，对其他文科学生和理科学生同样重要。大学学习离不开科技英语，日常阅读、各类考试、论文写作等都涉及科技英语；在学生踏入社会参加工作后也离不开科技英语，无论是从事与科技相关的工作，还是从事其他工作，都会涉及科技英语。

可见，不管是学习还是工作，不论是现在还是未来，科技英语都是必不可少的，与我们的生活息息相关。

二、科技英语的语言特征及翻译

（一）科技语体的词汇翻译

1. 使用简短词

如果一个单词太长，使用时比较麻烦，一般会使用简短词。例如：

lab=laboratory 实验室

phone=telephone 电话

quake=earthquake 地震

auto=automobile 汽车

flu=influenza 流行性感冒

telecom=telecommunication 电信

2. 使用缩略词

缩略词是对词的音节进行简化和缩写而形成的新词或是用词的第一个字母代替一个词组的词。

缩略词在科技英语文体中的应用非常普遍，使用缩略词既能体现科技文体的专业性，又可以缩减文章的篇幅。

ABP——arterial blood pressure 动脉压

ADP——automatic data processing 自动数据处理

FTP——file transfer protocol 文件传输协议

PIN——personal identification number 个人识别码

CRT——cathode ray tube 阴极射线管

CPU——central processing unit 中央处理器

3. 运用专业或半专业词汇

科技文体中的词汇可以分为专业词汇和半专业词汇。这些词汇一般具有两个特性，一是同一个词往往具有两个或者两个以上的意义；二是同一个词往往同时归属两个或两个以上词类。例如，crane 这个词的本义是"鹤"，由于鹤的脖子具有细、长的特点，类似于吊车或起重机，所以 crane 又可以表示吊车或起重机。例如：

bridge crane 桥式吊车

container crane 集装箱起重机

arm crane 悬臂式起重机

同样，dog 这个单词本义为"狗"，狗具有看家的能力，所以可以用 dog 这个词表示具有与之相仿功用的事物。例如：

stop dog 止动器

locking dog 锁定爪

WatchDog 一种密码识别软件

4. 使用复合词

复合词的普遍使用是科技文体的重要特点。在科技英语文体中，复合词大致有以下几种构造方式：

（1）词缀法。

词缀法也叫拼缀法，指的是在词基上添加前缀或后缀从而产生新词的方法。词缀法是科技英语中极其重要的构词方法，这种方法在一般英语词汇中的应用非常普遍。例如：

hydropathy=hydro+pathy 水疗法

microchip=micro+chip 微芯片

antibody=anti+body 抗体

（2）合成法。

合成法即是由两个单词合并而成的一个新词，这种方法在科技英语词汇中也不少见。例如：

braintrust=brain+trust 智囊团

picturephone=picture+phone 可视电话

sunspot=sun+spot 太阳黑子

landslide=land+slide 滑坡

windscreen=wind+screen 挡风玻璃

（3）混成法。

混成法是指将两个及两个以上的英语单词中的某些成分提取出来合成新词的手段。需要注意的是混成单词有别于合成单词。例如：

smog=smoke+fog 烟雾

camcorder=camera+recorder 摄录机

knowbot=knowledge+robot 智能机器人

netcast=net+broadcast 网络播放

5. 使用新词

近年来，随着科学技术突飞猛进地发展，许多科技新词也如雨后春笋般涌现出来，并随着全球范围的科技交流活动，得以广泛、迅速地传播。例如：

bluetooth 蓝牙技术

cyberspace 网络空间

bioinformatics 生物信息学

proteomics 蛋白质组学

website 网站

6. 使用外来词

在科技文体中，往往需要运用一些外来词汇，尤其是在表示人名、地名、商标名时，直接运用外来词汇成了最常见的手段。例如：

diesel engine 内燃机，柴油机（来自人名）

Brazilian pebble 石英水晶（来自地名）

cassette 盒式磁带（来自法国）

acupuncture 针灸（来自拉丁语）

（二）科技英语的句法翻译

1. 使用被动句

科技英语所阐述的大多为客体，也就是客观的事物或现象，这往往需要在叙述过程中摒弃个人的主观情绪。要做到这一点，使用被动句便是一个很好的选择，因为被动句可以将客观事物作为叙述的重心，进一步说明客观事实，从而使文章的客观性得以提高。因此，被动句在科技英语中的应用非常普遍。

例1：Loss of efficiency in the boiler will be caused by the dissipation of heat through the walls of the combustion chamber.

译文：热量通过燃烧室的壁散失掉，将引起锅炉效率降低。

分析：loss of efficiency in the boiler（锅炉效率降低）由于处于话题的主位，即句子主语位置上而得到强调。

2. 使用无人称句

在英语中，名词可分为有灵名词和无灵名词两类。顾名思义，有灵名词表示有生命体的名词，无灵名词则与之相反，主语为无灵名词的句子便叫作无人称句。虽说科技活动在很大程度上离不开"人"，但科技文体仍以报告自然规律以及具体的科技成果为主，所以这种文体的重要特征便是无人称句的广泛使用。

例1：The engineering project promises well.

译文：这个工程项目大有希望。

例2：The grinding machine refused to stop.

译文：磨床就是停不下来。

3. 使用虚拟语气

科技文体常常以某种假设为前提。这些假设很可能是极度理想化的、现实生活中几乎不可能发生的，这个时候虚拟语气的运用就十分必要了。

例1：If all the ice in the world melted, the level of the sea would rise about 250 ft.

译文：如果地球上的冰都融化，海平面将升高大约250英尺。

虚拟语气的使用就表示以上句子中所描述的情况发生的概率很小，甚至是完全不可能发生的。

4. 使用一般现在时

科技英语内容大多为客观事物的通常状态或是没有时限的自然现象。因此，科技英语的句子大多为一般现在时，这样可以更好地说明科学定义、定理、公式是不受时间限制的。除此之外，一般现在时的使用能给读者带来一种客观真实的感觉。

例1：All substances, whether gaseous, liquid or solid, are made of atoms.

译文：所有物质，不管是气态、液态还是固态，都是由原子构成的。

5. 使用复杂长句

科技文体的又一显著特征是惯用长而复杂的句子结构。因为在表述一些科学技术的复杂概念时，有时只有借助结构较复杂的句子才能将各种主从关系、逻辑关系以及意义上的不同层次清楚地表达出来。因此，若要使一个较为复杂的概念得以表述清楚且结构紧凑，使用复杂长句便是一个不错的选择。

例1：We learn that sodium or any of its compounds produces a spectrum having a bright yellow double line by noticing that there is no such line in the spectrum of light when sodium is not present, but that if the smallest quantity of sodium be thrown into the flame or other sources of light, the bright yellow line instantly appears.

译文：把极少的一点钠投入火焰或其他光源时，在光谱中就会立刻出现一条亮黄色的双线；当钠燃尽时，光谱中的这条线也消失了，由此我们知道钠或任何钠的化合物所产生的光谱都带有一条亮黄色的双线。

6. 惯用祈使句

科技英语常与实验、产品、仪器操作流程有关，因而需要运用祈使句来传达操作命令或建议，因此多使用动词原形或should、must、don't。

例1：Wear safety glasses in an organic laboratory to protect your eyes.

译文：进入有机实验室要戴上安全镜，以保护眼睛。

7. 使用名词化结构

名词化结构实质上便是语法功能和语法意义的转化，具体结构为"具有动词意义的名词+of+修饰语"。名词化结构准确、简明、严谨、容纳信息多，所以在科技英语中运用十分广泛。

例1：The testing of machines by this method entails some loss of power.

译文：用这种方法测试机器会浪费一些能量。

（三）科技英语的语篇翻译

1. 语言质朴简洁

科技英语文体中的语言简洁、通俗易懂，道理的讲解一般深入浅出，语言结构简单直白。例如：

Natural Energy

Energy in nature comes in many different forms. Heat is a form of energy. A lot of heat energy comes from the sun. Heat can also come from a forest fire or, in much smaller quantities, from the warm body of a mouse. Light is another form of energy. It also comes from the sun and from the stars. Some animals and even plants produce small amounts of light energy. Radio waves and ultraviolet rays are other forms of energy. Then there is electricity, which is yet another sort of energy.

All these different forms of energy can be changed, one into another. Thinking of lightning. All the electrical energy in it is gone in a flash—changed into brilliant light which you can see, into heat which bums whatever is struck by the lightning, and into sound which you can hear as thunder.

Much of the energy we use at home comes from electricity. Most of the Earth's energy—wind, waves, heat and light——comes from the sun. The sun itself is powered by nuclear energy.

There are some things about energy that are difficult to understand. The fact that it constantly changes from one form to another makes energy rather like a disguised artist. When you think you know what energy is, suddenly it has changed into a totally different form. But one thing is certain: energy never disappears and, equally, it never appears from nowhere. People used to think that energy and matter were two completely different things. We now know that energy and matter are interchangeable. Tiny amounts of matter convert into unbelievably huge amounts of nuclear energy. The sun produces nuclear energy from hydrogen gas and, day by day, its mass gets less, as matter is converted to energy.

译文：

自然界的能量

自然界的能量有许多不同的形式。热能就是其中一种。热能有许多是来自太阳的。森林大火也可以产生热能，甚至一只老鼠温暖的身体也可以产生少许的热能。光是能量的另一种形式，来自太阳和星星。一些动物甚至植物也可以产生少量的光能。无线电波和紫外线也是能量形式，此外电能也是一种能量形式。

所有这些不同形式的能量都可以相互转换。就拿闪电来说，里面所有的电能都在一道闪光中释放掉了——转变为可以看见的耀眼光芒，转变为可以烧毁所有被闪电击中的物体的热能，也转变为可以听得见的雷声。

我们在家里使用的很多能量来自电。地球上的大多数能量——风、浪、热、光——来自太阳。而太阳本身的能量是由核能产生的。

有关能量的一些事情很难理解。能量不断地从一种形式转变为另一种形式，就像一位化妆艺术家一样。当你自认为了解它的时候，它突然又变成了另一种完全不同的形式。但是有一点是肯定的：能量永远不会消失，同样，它也不会无端地产生。过去，人们认为能量和物质是两种完全不同的东西。现在我们知道，能量和物质是可以相互转换的。微量的物质可以转换为令人难以置信的巨大核能。太阳利用氢气制造核能,随着物质转化为能量,其质量日复一日在减小。

2. 逻辑组织严密

英语科技文体的逻辑组织很严密,文章层次分明,一般在段落的开头部分先用一句话来叙述段落的主题,在接下来的内容中再对其进行说明。例如:

Food quickly spoils and decomposes if it is not stored correctly. Heat and moisture encourage the multiplication of microorganisms, and sunlight can destroy the vitamins in such foods as milk. Therefore, most foods should be stored in a cool, dark, dry place which is also clean and well ventilated.

Foods that decompose quickly, such as meat, eggs and milk, should be stored in a temperature of 5 cC ~ 10 cC. In this temperature range, the activity of microorganisms is considerably reduced. In warm climates, this temperature can be maintained only in a refrigerator or in the underground basement of a house. In Britain, for six months of the year at least, this temperature range will be maintained in an unheated room that faces the north or the east. Such a room will be ideal for food storage during the winter months provided that it is well ventilated.

译文:

食物如果保存不当很快会腐烂。温度和潮气都会助长微生物的繁殖,阳光会破坏牛奶一类食品的维生素成分。因此,大多数食物应该保存在既凉爽、黑暗、干燥,又干净、通风良好的地方。

腐烂变质很快的食品,如肉类、蛋类和奶类,应该在5℃~10℃保存。在这个温度范围内,微生物的活动大大减少。在气候温暖的情况下,这个温度只有在冰箱或房屋的地下室才能得以保持。在英国,朝北或朝东没有暖气的房间,一年至少有6个月的时间,可以保持在这个温度范围内。在通风良好的条件下,这样的房间适合冬季保存食物。

第二节　文学题材类翻译实践

一、文学语体的类型及特点

（一）文学语体的类型

文学历来就是一个难以归纳和定义的概念，不同的文学理论家对文学的概念有着不同的定义。在文学作品中，作者会用文字传达思想感情，塑造生动的艺术形象，从而带给读者一种特殊的感染力。文学文体与非文学文体的划分也不可能做到完全精确。与公文、科技文章等实用文体不同，文学作品以或者优美生动，或者诙谐机警，或者幽默犀利的语言达到抒发情感、反映社会现实、揭示生存哲理等目的。用于文学欣赏的文学体裁主要包括小说、散文、诗歌、戏剧四种形式[①]。

诗歌是一种主情的文学体裁，它以抒情的方式，集中、凝练地反映社会生活，用丰富的想象，富有节奏感、韵律美的语言和分行排列的形式抒发思想情感。

小说是以刻画人物形象为中心，通过完整的故事情节和环境描写反映社会生活的文学体裁。

散文是指与小说、诗歌、戏剧并列的一种文学体裁，有广义和狭义之分。广义的散文是指诗歌、小说、戏剧以外的所有具有文学性的散行文章。除以议论抒情为主的散文外，还包括通信、报告文学、随笔杂文、回忆录、传记等文体。随着写作学科的发展，许多文体自立门户，散文的范围日益缩小。狭义的散文是指文艺性散文，它是一种以记叙或抒情为主，取材广泛、笔法灵活、篇幅短小、情文并茂的文学样式。

戏剧是为戏剧表演而创作的剧本。

针对文学文体的翻译来讲，不同于其他传递信息的文本。根据不同的文学体

---

① 左瑜.英语翻译的原理与实践应用[M].长春：吉林大学出版社，2019：161.

裁进行翻译时,一方面应该还原文学作品的风格风貌,另一方面要注意还原作品的语言特色。在谈论这个问题时,茅盾提道:"文学翻译是用另一种语言把原作的艺术意境传达出来,使读者在读译文的时候能够像读原作一样得到启发、感动和美的感觉。"所以,文学文体的翻译不仅是语言外形变异的过程,还是语言艺术的再创造过程。

（二）文学语体的特征

1. 用词大多生动、优美，修辞丰富

文学作品的用词大多生动、优美。虽然某些文学作品中的有些部分由于纪实的特点和揭示现实的目的，语言文字不能算得上优美，但是也称得上生动。丰富的修辞手法的运用正是文学作品达到语言优美、生动的一个重要手段。正是有了丰富的修辞手法，风格各异的作家和诗人才能畅抒心意，尽显世间百态。①

2. 语言含义丰富

科技文体、公文文体等实用文体为了达到写作目的，都力求语言准确，忌讳产生歧义，造成理解的困难。因此，在这些文体当中，一句话只有一个明确的含义。文学作品则力求语言含义丰富，经常一语双关，有时甚至带有多重含义。这样的文学作品才值得读者反复品味，每一次阅读都会有新的发现。读这样的文学作品就如品香茗，久冲不淡，读完后还满口留香，因此才会有"读不完的莎士比亚"。例如：

例1：

When the evening is spread out against the sky

Like a patient etherized upon a table

Streets that follow like a tedious argument

Of insidious intent

To lead you to an overwhelming question...

（T. S. Eliot *The Love Song of J. Alfred Prufrock*）

---

① 王淑梅. 英语文学作品的美学价值与翻译技巧[J]. 吉林工程技术师范学院学报, 2020, 36 (12): 57–59.

译文：

朝天空慢慢铺展着黄昏

好似病人麻醉在手术桌上

街连着街，好像一场讨厌的争议

带有阴险的意图

要把你引向一个重大的问题……

（查良铮译王佐良《英诗的境界》）

这一部分表面看来是在描述黄昏时静谧、慵懒的感觉，但从"好似病人麻醉在手术桌上""好像一场讨厌的争议"等这些并非美好的比喻当中，读者通过仔细品味能发现诗人对生活的厌倦和困惑。

3. 作者风格在作品中有突出体现

为了使读者准确、迅速地理解其内容，达到传播思想和信息的目的，公文文体、科技文体等应用文体通常都有固定的格式和文体风格。文学作品是作者思想情感的表达，是作为一种艺术被读者品味、欣赏的。因此，文学作品是一种有个性的文体，作者风格的体现是文学作品不可或缺的。例如，我们不看作者的名字，仅从诗歌的风格就可以判断出哪首诗是诗圣杜甫之作，哪首诗是诗仙李白之作。文学作品的风格就是作品的灵魂，缺少了它，再美妙的文字也会变得苍白无力。

因此，在对文学文体进行翻译的时候，译者要注意文学作品的这三个特点。译者要处理好作品当中的修辞手法，充分理解文学作品中语句的多重含义，在翻译的时候不但要译出其字面意思，而且要注意不丢失其隐含的意义。同时，译者不仅要准确地翻译出原作的内容，还要注意保留原作者的风格，否则即使翻译出了原作的主要内容，也不能算是一部好的翻译作品。

二、不同类型文学题材的翻译

（一）诗歌题材的翻译

1. 阐释性翻译

阐释性翻译是面对广大读者的文学翻译方法，以诗歌作品的教学价值作为翻译活动的出发点，努力维持原来诗歌作品的节奏和韵律，最大限度地留下诗歌作品的外在形式美。比如：

例1：

Ode to The West Wind

（excerpt）

—Percy Bysshe Shelley

O wild West Wind, thou breath of Autumn fs being y

Thou, from whose unseen presence the leaves dead

Are driven, like ghosts from an enchanter fleeing,

Yellow, and black, and pale, and hectic red,

Pestilence—stricken multitudes: O thou,

Who chariotest to their dark wintry bed

The winged seeds, where they lie cold and low,

Each like a corpse within its grave, until

Thine azure sister of the Spring shall blow

Her clarion o'er the dreaming earth, and fill

（Driving sweet buds like flocks to feed in air）

With living hues and odours plain and hill:

Wild Spirit, which art moving everywhere;

Destroyer and preserver, hear, oh, hear!

译文：

西风颂

（节选）

——珀西·比希·雪莱

呵，狂野的西风，你把秋气猛吹，

不露脸便将落叶一扫而空，

犹如法师赶走了群鬼，

赶走那黄绿红黑紫的一群，

那些染上了瘟疫的魔怪——

呵，你让种子长翅腾空，
又落在冰冷的土壤里深埋，
像尸体躺在坟墓，但一朝
你那青色的东风妹妹回来，
为沉睡的大地吹响银号，
驱使羊群般的蓓蕾把大气猛喝，
就吹出遍野嫩色，处处香飘。
狂野的精灵！你吹遍了大地山河，
破坏者，保护者，听吧——听我的歌！

（王佐良译）

每一位翻译人员都具有不同的思维方式，所以翻译的最终结果可能不一样。这也是此类翻译的一大特点。

2. 形式翻译

形式翻译主要说的是翻译的人按照原来作品的格式进行翻译，这在一定程度上相当于直接翻译。有的译者追求学术价值，最大限度地尊重原文，减少其他成分（包括社会、哲学史、文化成分）的出现。尽管这种翻译方法比较极端，但比较适合那些形式特殊且意在通过这种特殊格式与内容呼应，从而深化主题的英语诗歌的翻译。但是，形式翻译法是一种比较极端的直译，不能用于所有形式特殊的英语诗歌；实际使用时应慎重。

3. 调整翻译

调整翻译处在以上两种翻译中间，在尽量直接翻译的基础上，调整文章的结构，兼顾原文的形式、内容，同时符合译语表达习惯。

（二）散文题材的翻译

具体来说，散文包括正式散文和非正式散文。正式散文用词讲究，结构严谨，逻辑性强；非正式散文则语言浅显，结构松散，轻松自然。从写作方式和目标来看，散文又可以分为记叙文、描写文、说明文和议论文。如下所示是对各个问题的举例说明。

1. 记叙文

记叙文是以记人、叙事、写景、状物为主,以写人物的经历和事物发展变化为主要内容的一种文体形式。因而,在翻译这类文体时,译者应该关注笔者的写作风格和语言个性等,即一定要完整地表达作品的整体风貌。

例1:自从我们搬到郊外以来,天气渐渐清凉了。那短篱边牵延着的毛豆叶子已露出枯黄的颜色,白色的小野菊一丛丛由草堆里钻出头来,还有小朵的黄花在凉劲的秋风中抖颤,这些景象最容易勾起人们的秋思,况且身在异国呢!低声吟着"帘卷西风,人比黄花瘦"之句,这个小小的灵宫是弥漫了怅惘的情绪。

译文:The weather has been getting nice and cool since we moved to the suburbs. Soybean leaves on the low hedges are beginning to turn brownish yellow. Clusters of white chrysanthemums are vying to break through the rank weeds while tiny yellow ones are shivering in the chilly wind. The autumn scene is most apt to bring about a lonesome and desolate mood, especially when we are in a foreign country. My heart was filled with melancholy when I recited in a low voice the following lines of an ancient Chinese poet:

When the west wind furls up the curtain, I'm more frail than the yellow chrysanthemum.

在准确翻译原文、再现原文语言风格的基础上,原作者在秋风中淡淡的惆怅也在 brownish yellow、shivering、chilly wind 这些词中得到了充分的流露。原文中抒发的感情在译文中得以充分、自然地流露。

2. 议论文

议论文又名说理文,是一种剖析事物、论述事理、发表意见、提出主张的文体。作者通过摆事实、讲道理、辨是非等方法,确定其观点正确或错误,树立或否定某种主张。

议论文应该观点明确、论据充分、语言精练、论证合理、有严密的逻辑性。议论文是以议论为主要表达方式,通过摆事实、讲道理直接表达作者观点和主张的常用文体。一般而言,议论文比较侧重说明某种道理,因而在翻译此类问题的时候应该十分注意词语的运用。

3. 描写文

描写就是用色彩鲜明、立体感强、生动形象的文字语言把人物或景物的状态生动、具体地描绘出来，给人以栩栩如生、身临其境之感。它是一种"形神兼备"的表述方法，是记人、叙事、写景类文章的主要表述方法之一。它的基本特点是描绘形象，它所追求的表达效果是用文字绘形绘声绘色地再现客观事物的"样子"，让读者如临其境。所以，在翻译这类作品时，译者应该维持作品中的这一特殊风格，运用活泼生动的词语，使译文和原文一样优美。

4. 说明文

说明文是就某一主题进行阐述的文章。换言之，说明文是对事物的发生、演变、特点、作用、效果等一系列特征进行详细阐述的一种文章。中心突出、有条理、语言准确生动等是说明文的显著特征。因而，在进行翻译时，译者要十分关注这些特征，选择合适的词语进行翻译。

（三）小说题材的翻译

1. 传译语境

语境是人们在语言交际中理解和运用语言所依赖的各种表现为言辞的上下文或不表现为言辞的主观因素。在小说这种文体中，语境是借助一定的语言创造出来的文化环境。因而，在翻译时，语境的传译十分重要。即使是相同的话语，在不同的语境下也可能有不同的含义，一旦语境翻译得不正确，就会影响原文语义的传递。可以说，传译语境是小说翻译中一个需要特别注意却又很容易被忽视的问题。

小说中有多种成分会对语境造成影响，翻译的人可以根据作品的整体语境和个别语境，用合适的词语和修辞传达出最真实的情感，以最大限度地还原作品的语境。

例1：There was much traffic at night and many mules on the road with boxes of ammunition on each side of their packsaddles and gray motor trucks that carried men, and other trucks with loads covered with canvas that moved slower in the traffic.

译文：夜间，这里运输繁忙，路上有许多骡子，鞍的两侧驮着弹药箱，灰色的卡车上装满了士兵，还有一些辎重车辆，用帆布盖着，在路上缓慢地行驶着。

分析：《永别了，武器》这部小说本身是以战争为背景的，因而具有一种定向性。译者显然准确抓住了这一点，将字面含义比较宽泛的 men 翻译为具体的"士兵"，将 other trucks with loads 翻译为"辎重车"，这就与小说的背景相吻合，同时使字里行间弥漫着浓重的战争气息。

2. 传译人物性格特点

小说最重要的一点是对人物形象的塑造。一篇作品成功与否主要受到人物形象塑造的影响。所以，翻译此类作品时，译者要运用合适的写作手段，把作品中人物的性格特点淋漓尽致地表现出来，让读者在心中形成一个十分鲜明的形象，达到再现原著的作用。

3. 传译作家风格

每一个作家都会有一套独特的写作风格，有的生动，有的简明扼要，有的观点鲜明，这也是他们的作品之所以优秀的一大原因。所以，在翻译时，译者应该学会灵活应对，根据不同作家的不同风格和写作特点，既要十分严谨地再现作品的整体风貌，又要尊重作品的内容，否则译文就遗失了原文的灵魂，也无法使译语读者读到原汁原味的外国文学作品。

在实际翻译过程中，要想忠实地再现原文风格，译者应该了解作者的创作个性、创作意图、创作方法、创作背景等，这样才能更深刻地理解原文，更好地再现原文风格。例如，马克·吐温的小说通常具有幽默诙谐、口语化的语言特点，抓住了这一特点，译者翻译时就应注意使用口语化的、轻松诙谐的译语。显然，译文做到了这一点，较好地还原了原文的语言风格。

例1：We are at home when the news comes that they are dead. We see the maiden in the shadow of her first sorrow. We see the silvered head of the old man bowed with the last grief！

译文：他们死去的噩耗传来，我们正在家中。我们看见那位少女浸没在有生以来第一次悲伤的阴影之中。我们看见那位老人为人生最后一次哀恸，垂下了白发苍苍的头！

分析：本例从第一句开始就传递了一个令人悲伤的消息，随后的每一句话中也无不弥漫着这种悲伤，最后一句更将这种悲伤渲染到了极点。译者显然注意到了原文的这一风格，因此在翻译最后一句时适当地调整了语言结构，更加突出、深化了这种悲伤。

（四）戏剧题材的翻译

戏剧艺术是一种综合艺术，借助演员的舞台表演把生活中最真实的场景展示在群众面前。除剧本外，它还包括美术、布景、灯光、音乐、道具、舞台设置等多个方面。严格来说，这里的戏剧只是指剧本。在中国，戏剧可以泛指戏曲、歌剧、话剧，有时候也专指话剧。在西方，戏剧就是指话剧。根据不同的分类标准，西方的戏剧又可以分为悲剧和喜剧、诗剧和自然主义戏剧、历史剧和现代剧等。

戏剧语言主要由三个部分组成：布景说明、演员动作说明和台词。其中，台词最重要。剧中人物性格的刻画及故事情节的发展都通过台词完成。台词有三种形式：对白、独白和旁白。对白指人物间的对话，这是戏剧的主要组成部分；独白是人物内心活动的袒露；旁白是指剧中某个人物背着别的人物对观众的交代。

作为一种与诗歌、小说、散文不同的特殊文学形式，戏剧不仅可以供人阅读，还可以用于演出，供观众欣赏。因此，戏剧有其自身独特的个性。首先，戏剧不仅用于阅读，还可以用于演出。一方面，戏剧的台词要方便演员在舞台上进行演出，念起来不拗口；另一方面，由于演员的对话转瞬即逝，戏剧的台词要使观众轻松地明白演员所讲，不至于在理解上有困难。因此，戏剧的语言要通俗易懂以使读者顺眼、观众入耳、演员顺口。口语化、通俗化是戏剧语言的一个突出特点。其次，与小说不同，戏剧中没有叙述者，不允许作者对人物的思想活动、表情变化等进行描述，故事情节的发展、人物性格的塑造、人物语气的轻重缓急、人物性格的轻微变化都只能通过人物的对话进行。与小说相比，戏剧中人物的语言更为个性化，更具有动作性。人物语言的个性化和动作性是戏剧语言的另一个特征。再次，戏剧要打动观众，其音韵和节奏也是关键因素。优美的节奏和韵律使戏剧更容易被观众接受，更容易在观众中流传。19世纪之前的西方剧作家（如索福克勒斯、莎士比亚）特别注重戏剧语言的节奏和音韵美，用诗歌来创作剧本。在这些人创作的戏剧中，那些充满着音乐美的台词给人们留下了深刻的印象。因此，音韵和节奏美是戏剧语言的又一特征。下面就从三个方面谈谈戏剧的翻译：

1. 善用戏剧语言的口语化和通俗化

戏剧语言具有口语化和通俗化的特点。在进行戏剧翻译时，译者一方面要善用戏剧中一些口语化、通俗化的表达方式，特别是剧中的一些方言；另一方面，要尽量用简单的句式、通俗化的语言把原作翻译出来，使译文的语言不但上口，而且入耳，令演员念起来不吃力，让观众听起来不费力。另外，翻译时要特别注意一些方言的翻译。例如，美国现代剧作家阿瑟·密勒的名著《推销员之死》中一段台词的翻译。

例1：

Linda：I know, dear, I know. But he likes to have a letter. Just to know that there's still a possibility for better things.

Biff：He's not like this all the time, is he?

Linda：It's when you come home he's always the worst.

Biff：When I come home?

Linda：When you write you're coming, he's all smiles, and talks about the future, and—he's just wonderful. And then the closer you seem to come, the more shaky he gets, and then, by the time you get here, he's arguing, and he seems angry at you. I think it's just that maybe he can't bring himself to—to open up to you. Why are you so hateful to each other? Why is that?

这是《推销员之死》中主角威利（Willy）的妻子琳达与他的大儿子弼甫之间关于威利的谈话。谈话的口语色彩十分明显。首先，两个人的台词句式都很简短，句子结构简单。虽说琳达第三段台词比较长，但几乎都是由简单句和并列句组成的，即使有一两个句子有从句，也是非常简单明了的宾语或者状语从句。其次，两个对话的用词都很简单，除必要的代词、连词、介词外，都是日常生活中的常用词汇，如smile、angry、home、get、maybe等。其表达方法也全是地道通俗的美国口语，如all similes、the more shaky he gets、he can't bring himself to—to open up to you等。下面我们来看著名的戏剧家姚克是怎么翻译这段对话的。

译文：

琳达：我知道，好孩子，我知道。可是他盼着你来信。他只想知道：瓦片也有翻身的日子。

弼甫：他不见得见天这个德性，是不是？

琳达：每逢你回来，他这毛病就闹得最厉害。

弼甫：我回来的时候？

琳达：你捎信说要回来，他就眉开眼笑了，谈到将来的远景，他简直精神好极了。等到你回家的日子一天近一天，他就越来越坐立不定，你到了，他反而跟你话不投机，好像跟你生气似的。我想，原因也许是他想跟你打开窗户说话——可又说不出口。你们爷儿俩为什么这样仇人见面儿似的？为什么呀？

可以说，姚先生的翻译很好地再现了原文口语化、通俗化的特点。

首先，两段对话的译文句式都很简短，很好地再现了原文句式口语化的特点，翻译后的台词通顺流畅、简单易懂。例如，琳达的第三段台词虽然长，但姚先生的译文充分照顾了原文句式的特点，很好地运用了句中的停顿，使每个意群的意思简单、清楚，充分体现了原文的口语风格。其次，姚先生在翻译中很好地运用了汉语口语中一些通俗的表达方式再现原剧口语化、通俗化的特点。例如，在翻译"Just to know that there's still a possibility for better things"时，姚先生运用了汉语的俗语"瓦片也有翻身的日子"，这样不但贴切地表达了原文的意思，而且充分地再现了原文的口语色彩，使译后的台词朗朗上口、通俗易懂。又如，在翻译"It's when you come home he's always the worst"时，姚先生运用了汉语中"闹毛病"这一通俗说法，灵活地翻译为"每逢你回来，他这毛病就闹得最厉害"。在琳达的第三段台词里，姚先生更是运用了汉语口语"眉开眼笑""坐立不定""话不投机""打开窗户说话""爷儿俩"分别翻译原文中的英语口语表达方式 all smiles、shaky、he is arguing、open up to you，从而生动地再现了作为家庭主妇的琳达说话时的语气。

2. 体现戏剧语言的个性化及动作性

由于戏剧中缺少叙述者的介入，除简短的人物动作描述外，戏剧情节的发展和人物个性的塑造都需要通过台词来完成。在进行戏剧翻译的时候，译者要注意其语言的动作性及其所体现的人物个性，在译文中要尽量展现这些动作性和人物个性。例如，萧伯纳的著名戏剧《卖花女》的翻译。我国著名翻译家杨宪益先生有两个《卖花女》的译本，分别是中国对外翻译出版公司1982年5月以英汉对照方式出版的《卖花女》和收在1987年8月漓江出版社出版的《圣女贞德》中的《匹克梅梁》。与1982年的版本相比，杨宪益在1987年版本的翻译上做了一些改进，不但增加了译文的准确性，而且使翻译后戏剧的语言更能体现人物的性格。

例1：The Bystanders Generally：（demonstrating against police espionage）Course they could. What business is it of yours？ You mind your own affairs. He wants promotion, he does. Taking down people's words! Girl never said a word to him. What harm if she did？ Nice thing a girl can9! shelter from the rain without being insulted, etc., etc..（Act I）

一般旁观者：（抗议警察局的侦查行为）当然谁都看到的。关你什么事！你少管闲事。这家伙想升官呢。记下别人的话！那孩子没说一句别的话，她说了又怎么样？一个姑娘来避避雨都要受人欺负，好家伙，等等，等等。（1982年版本译文）

一般旁观者：（抗议警察局的侦查行为）当然谁都看到的。关你什么事！你少管闲事。这家伙想升官呢。记下别人的话！真是的！那孩子没说一句别的话。她说了又怎么样？一个娘们儿来避避雨都要受人欺负，好家伙，等等，等等。（1987年版本译文）

上例是避雨者发现息金斯记录卖花女的话而误认为他是警察局的探子时说的一段话。1987年的版本在1982年版本的基础上在"记下别人的话"后加"真是的"更凸现出了"旁观者"质问的口气，很好地表现出了当时旁观者义愤填膺的情绪以及群情激愤的情景。将"姑娘"改为"娘们儿"与前句"那孩子"一文一俗形成鲜明对比，更能表现出当时"旁观者"七嘴八舌、人群中不乏出口粗俗之人的情景。

3. 展现戏剧语言的音韵和节奏美

戏剧语言的音韵和节奏美是诗剧的一大特色。在翻译戏剧的时候，译者要注意展现原文的音韵和节奏美。在翻译诗剧时，译者可以借鉴诗歌的翻译方法。一是模仿原文的韵律和节奏；二是在模仿不可能时换用与戏剧内容、风格相适应的其他韵律和节奏，以保留原剧的音乐美。在翻译非诗剧或者现代戏剧时，译者也要注意再现原剧台词句子的长短、节奏的快慢以及语句的押韵与否等，并在译文中充分地再现这些特点。比如，莎士比亚的名著《哈姆雷特》第三幕第一场中，哈姆雷特最著名的一段内心独白的翻译。

例1：

To be, or not to be: that is the question:

Whether 9tis nobler in the mind to suffer？

The slings and arrows of outrageous fortune,

Or to take arms against a sea of troubles,

And by opposing end them？ To die: to sleep；

No more；and by a sleep to say we end

The heartache and the thousand natural shocks

That flesh is heir to,'tis a consummation

Devoutly to be wish'd. To die, to sleep；

To sleep: perchance to dream：ay, there's the rub；

For in that sleep of death what dreams may come

When we have shuffled off this mortal coil,

Must give us pause：there's the respect

That makes calamity of so long life；

译文1：

生存还是毁灭，这是一个值得考虑的问题；默然忍受命运的暴虐的毒箭，或是挺身反抗人世的无涯的苦难，通过斗争把它们扫清，这两种行为，哪一种更高贵？死了；睡着了；什么都完了；要是在这一种睡眠之中，我们心头的创痛，以及其他无数血肉之躯所不能避免的打击，都可以从此消失，那正是我们求之不得的结局。死了；睡着了；睡着了也许还会做梦；嗯，阻碍就在这儿：因为当我们摆脱了这一具朽腐的皮囊以后，在那死的睡眠里，究竟将要做些什么梦，那不能不使我们踌躇顾虑。

（朱生豪译）

译文 2：

活下去还是不活：这是问题。要做到高贵，究竟该忍气吞声来容受狂暴的命运矢石交攻呢，还是该挺身反抗无边的苦恼，扫它个干净？死，就是睡眠——就这样；而睡眠就等于了结了，心痛以及千百种身体要担受的皮痛肉痛，那该是天大的好事，正求之不得呀！死，就是睡眠；睡眠，也许要做梦，这就麻烦了！我们一旦摆脱了尘世的牵缠，在死的睡眠里还会做些什么梦，一想到就不能不踌躇。

（卞之琳译）

很多人认为，与朱生豪的译文相比较，卞之琳的翻译更为优秀。首先，卞之琳的译文保留了原文诗体的形式，而且除最后四句外，每行诗的意思都做到了与原文吻合。朱生豪的译文则撇开了原文的格式，把原来的诗体译成了散文体，打破了原文诗行的顺序，把各个诗行的意思进行了重组，使译文更符合汉语的语言习惯。其次，与朱生豪的译文相比，卞之琳的译文在韵律和节奏上与原文更加吻合。原文中莎士比亚使用的是素体诗诗体，每行有五个抑扬格音步，诗行末尾不押韵。卞之琳的译文则尽可能地在节奏和韵律上体现原诗的这一特点。

然而，卞之琳的译文虽然具有这些优点，但被读者读得最多的还是朱生豪的译文。我们不禁要追寻原因所在。细读卞之琳的译文，我们发现虽然原文的韵律和节奏在其中有很好的体现，但是在表达上有不尽如人意的地方。例如，译文的第一句"活下去还是不活：这是问题"虽然很好地体现了原文节奏，却不太符合汉语的表达习惯，给人生硬、拗口的感觉。首先，按照汉语的表达习惯，"活下去"的反义词不是"不活"而是"去死"，而且"问题"前面通常要加量词"个"。其次，"活下去""不活"，特别是"不活"是非常口语的表达方式，而莎士比亚的作品以高雅的语言著称，这未免与原文的语言风格相冲突。

这样的例子在卞之琳的译文中还有不少。例如，卞之琳的译文"要做到高贵"究竟要表达的是什么？读完整句话仍感到迷惑，读了原文才知道这几句话是说哪一种行为更为高贵。又如，卞之琳的译文"皮痛肉痛，那该是天大的好事""正求之不得呀"是完全口语化的表达方式，与原文高雅的语言风格不符。虽然卞之琳的译文很好地再现了原文抑扬格的节奏规律，但由于汉语读者缺乏对抑扬格的欣赏习惯，并不能体会到其节奏的美感。可见，卞之琳的译文为了充分再现原文的格式与节奏而牺牲汉语通顺性及优美性的做法并不是可取的。相反，朱生豪的译文虽然没有顾及原文的格式与节奏，但是读起来流畅、上口，意思清楚，而且用词典雅，体现了原文的语言风格。①

虽说没有体现原文抑扬格的节奏规律，但译文尽量保留了原文句中的停顿。例如，"To die: to sleep; No more"被译为"死了；睡着了；什么都完了"；"To die, to sleep ; To sleep: perchance to dream"被译为"死了；睡着了；睡着了也许还会做梦"；译文节奏也十分流畅。可见，朱生豪的译文虽然没有保留原文的格式与节奏，却很好地体现了原文风格，读起来清楚明了、朗朗上口，更受汉语读者喜欢。所以，在翻译诗剧时，当原作的韵律和节奏与目标语言的读者欣赏习惯不符合时，译者要在尽可能体现原作风格与节奏的基础上充分考虑目标语言读者的欣赏习惯和表达习惯。

在翻译当代戏剧时，译者也要注意戏剧语言的节奏、人物的语气，充分体现原作的特点。例如，《推销员之死》中威利的一段话的翻译。

例 2：

Willy：There's more people! That's what's ruining this country! Population is getting out of control. The competition is maddening! Smell the stink from that apartment house! And another one on the other side...How can they whip cheese ?

译文：

威利：我说比以前多！国家糟成这个样子，就为这个缘故。人口多得没法儿控制。竞争激烈得叫人发神经！你闻闻这幢公寓房子冒出来的臭味儿！那边又是一幢……我说，他们怎么可以打臭干酪呀？

（姚克译）

在原文中，威利愤怒地抱怨周围的环境变得越来越差了，全部使用的是表达强烈感情的短句，节奏强烈、急促。姚克翻译的句子简短，语气强烈，很好地再现了原文的节奏和语气。

最后，在翻译戏剧时，译者还应该注意到由于戏剧是用于演出的，戏剧的翻

---

① 左瑜. 英语翻译的原理与实践应用 [M]. 长春：吉林大学出版社，2019：172–175.

译不像小说、诗歌等的翻译，在需要的地方可以进行注释。戏剧具有不可注释性，因此要学会使用一些较为具有变通性的手段对待戏剧中存在的文化因素，用译入地区民众所能接受的思维方式取代外来文化中一些不深入了解的含义。这样，一方面有利于读者阅读文本，另一方面有利于读者在阅读文本的过程中有新的收获与体验。

第三节　旅游题材类翻译实践

目前，旅游业逐渐发展为全球重要的新兴产业。改革开放后，我国的旅游业发展迅猛，随着出境游及入境游的旅客不断增多，旅游从业人员规模的逐渐庞大，如何更好地使境外游客听懂我们的导游语言，更好地把我国壮丽的河山和灿烂的文化介绍给世界以及如何使国民了解更多的国外风景，引起越来越多的学者及旅游界人士的关注。旅游语体的翻译受到越来越多的重视。

一、旅游语体的特点与翻译标准

（一）旅游语体的特点

旅游语体也叫作导游解说词，具体指导游人员在引导游客观光游览时使用的语言。译成外语的旅游语体同现场以及途中导游人员的旅游语体还是有很大差别的，前者是事先翻译好的，而后者则需临场发挥。旅游语体具有自身文体上的独特之处，不同于一般的笔译，总的说来，具有以下三个特点：

1. 着眼于口头表达，语言强调简练、流畅、通俗

旅游语体可以传递相关信息，从而指引游客顺利进行各项活动，使其收获相关知识的同时得到独特的体验。我们知道，旅游语体是导游人员提前准备好的，在实际的导游过程中，游客往往是通过听觉获取导游所讲述的信息的，这一过程不同于阅读，游客可以思考的时间是有限的，如果使用过多的书面语言，过于复杂的句子，难免会给游客的理解造成障碍，达不到其预期的目的。而简明扼要、

通俗易懂、生动活泼的句子不仅短小精悍，表意明确，具有很好的表意传情功能，还能产生铿锵有力的效果。因此，旅游语体通常使用简练、通俗的语言。例如，下面一个描写泉州开元寺东塔的句子：

Built in 1238 AD, the pagoda was so high and magnificent that it took 320,000 labourers 12 years to complete the project.

为了达到较好的视听效果，此句最好化整为零，改为：

The pagoda was built in 1238 AD. It was very high and magnificent. 320,000 labourers spent 12 years in completing the project.

2. 涉及的文化点较多

旅游语体中对景点的介绍必将包括众多的人文景观，涉及许多人名及地名的介绍，触及许多文化点。例如，介绍国内风光的旅游语体中就经常涉及历史人物、古诗词、历史典故、风土民俗等，国外的景点介绍也不例外。[①]

例1：今天我向各位介绍号称我国五岳之首的泰山，这五岳为东岳的泰山、南岳的衡山、西岳的华山、北岳的恒山和中岳的嵩山。

如何翻译其中的"岳"字成为一个难题，因为我们很难在英语词汇中寻找到与之相对应的词语，因此导游不得不退而求其次，将其译作 great mountain，即使这样做意味着原有文化内涵的流失，但也实属无奈之举。

译　文：Today I'd like to introduce Mount Tai, crowned as the most famous of China5 s five great mountains, namely, Mount Tai in East China. The Hengshan Mountain in South China, the Huashan Mountain in West China, the Hengshan Mountain in North China and the Songshan Mountain in Central China.

3. 涉及的专用名词较多

由于旅游语体所涉及的知识面较广，其必将涉及许多专用名词。例如，盂兰盆会（Ullabana）、罗汉（arhant）、禅堂（meditation hall）、施主（benefactor）、亭（pavilion）、拱桥（arch bridge）、台（terrace）、长堤（causeway）、曲径（zigzag path）、兵马俑（the Terracotta Warriors And Horses）、敦煌的"飞天"（Flying

---

① 黄丽文. 探讨旅游英语翻译中的文化因素 [J]. 中国商贸，2011（24）：170-171+208.

Apsaras）、峨眉山的"普贤真人"（Samantabhadre）等都是专用名词。在翻译这类词汇时，要特别注意其特殊的译法，避免牵强附会，作出不恰当的解释。这就需要译者具备广阔的知识面和良好的专业水平。

（二）旅游语体的翻译标准

旅游语体主要是供导游讲解服务用的，优秀的旅游语体翻译既要忠实地再现原文，又要拥有良好的现场效果，使游客没有理解方面的困难，并给游客带来美的感受。同时，要通过对文化点的讲解起到传播文化的作用。

1. 翻译的准确性

翻译的准确性是判断一个翻译是好是坏的重要标志，翻译旅游语体时也要注意这一点。虽然旅游语体经常涉及一些文化概念或者专用名词，在翻译的时候不得不采取一些变通的译法，但这并不意味着旅游语体的翻译可以脱离原文，随意发挥。丧失了准确性的旅游语体翻译只会误导游客，给游客的理解造成困难。

例如，"芙蓉，有木芙蓉和水芙蓉。"这句话可以译为："There are two kinds of lotus, cotton rose and lotus flower."但是，中文的芙蓉既可以指锦葵科属的木芙蓉，又可以指睡莲科属的水芙蓉——荷花，而英文中的"lotus"只是指荷花。因此，这句译文是欠准确的，难免使游客迷惑。

准确地翻译旅游语体不仅要求译者要有广阔的知识面，良好的专业水平，还要求译者要有负责的态度，敬业的精神，要广泛地查阅各方面资料，以做到翻译准确无误。

2. 良好的现场效果

旅游语体是导游员在旅游途中，说给游客听的现场解说词。因此，导游解说词良好的现场效果就非常重要。这就要求旅游语体的翻译不仅应该通俗易懂，还应该灵活处理，清除影响游客理解的障碍。与此同时，要保留原文中的文化内涵和美的韵味，从而使游客较为轻松地听懂旅游语体的内容，并通过旅游语体获得对景点足够的认识，获得美的感受。

例1：开元寺建于唐垂拱二年。

译　文：The Kaiyuan Temple was built in the 2nd year of Chuigong of the Tang Dynasty.

这种翻译就会给外国游客造成理解困难，除非具备良好的中国历史水平，否则外国游客实在难以理解 Chuigong 是什么。因此，译者在翻译的时候就有必要对"垂拱"进行解释，或者就译为 The Kaiyuan Temple was built in the Tang Dynasty, about 1300 years ago. 这样还更易理解。

再如，把"现在我们到了定陵，这里是咸丰皇帝爱新觉罗·奕詝和他的皇后孝德显的陵墓"译为 Now we are in the Ding Ling, the mausoleum of Aixinjueluo Yizhu, Emperor of Xian Feng of Qing Dynasty and his empress Xiao Dexian. 这句话虽为简单句，但其中的同位语过长，句子结构不够紧凑，难免使游客听起来辛苦，不容易追随导游的思路。而且，皇帝的名字、年号以及皇后的封号也不免使国外的游客犯糊涂。另外，由于外国游客不熟悉中国历史，对皇帝所处的年代也会感到迷惑。因此，这句话最好译为：Now we are in Ding Ling, the mausoleum of Emperor of Xian Feng, and his empress. Xian Feng is an emperor of the Qing Dynasty, he lived in the period of 1831—1861, and reigned in the period of 1851—1861.

这样，游客就能很好地理解导游解说词的内容，并且增加对中国文化、历史的了解，使旅游语体的现场效果更好。

又如，"三潭印月"如果翻译为"the isle of Santanyinyue"，既丧失了原有名字的美感以及对景点特征的表述，又使译名过长，读起来拗口，游客听了也是似懂非懂，不能明白其中的妙处。因此，不如意译为"Three Pools Mirroring the Moon"。相信游客听了这个译名后，一定会展开笑容，并激发起窥探其美感的兴趣。

二、旅游语体的翻译要点

翻译旅游语体的时候除了要注意旅游语体的特点，遵循旅游语体翻译的标准，运用一般的翻译技巧外，还要注意以下几点：

（一）旅游语体的增译

一些人在外地旅游时，对当地的历史与文化内涵不甚了解。因此，导游人员在翻译的过程中就需要适当地补充一些必要的文化历史信息。然而，由于旅游语体是口头说给游客听的，不同于其他文本的翻译，可以通过在文中做注的方式来实现。这就需要适当地扩充原文中的一些内容，在其中加上导游人员具体的说明解释，如上一节提到的例子。

例1：现在我们到了定陵，这里是咸丰皇帝爱新觉罗·奕詝和他的皇后孝德显的陵墓。

在翻译时就进行了阐释性增译。

译文：Now we are in the Ding Ling, the mausoleum of Emperor of Xian Feng, and his empress. Xian Feng is an emperor of the Qing Dynasty, he lived in the period of 1831—1861, and reigned in the period of 1851—1861.

（二）旅游语体的省译

旅游语体主要是为了让游客在观赏过程中能够轻松、愉快地了解景点，并得到相关知识，接受美的熏陶，不适合对游客讲述与景点联系较小、乏味、晦涩的内容，因此旅游语体中这方面的内容便可删减，以达到良好的效果。

在上面的例子中，由于我们在提到清朝皇帝时多以其年号指代，对他们的名字少有提及，即便是本国人也少有清楚清朝各代皇帝名字的，就更不能要求外国的游客能搞清楚，因此在英译时省去了咸丰皇帝的名字爱新觉罗·奕詝，只留他的年号。至于皇后的封号，既不是游客关心的内容，也不是游客能完全明白的，因此在译文中也就省去了。这样，既不会影响游客对这一文化和历史景观的了解，也省去了他们理解时的麻烦，优化了旅游语体的现场效果。

（三）旅游景点古诗词的翻译

由于很多旅游景点挂有对联，或者题有一些名人的诗词，或者是涉及一些关于这些景点的著名诗词，因此旅游语体的翻译中难免会涉及一些古诗词和对联的翻译。在翻译旅游语体中的诗词时，我们要注意在文学文体中所提到的诗歌翻译的要点，还要灵活翻译。在这种情况下，引用诗词主要是为了介绍景点，不必太过死板，这些诗词的具体背景往往可以省略，应把着眼点放在译文的节奏鲜明、音调和谐、简单易懂上来，使游客理解起来既不费力，又能体会到其中的诗味。而且，在翻译当中应尽量减少典故的使用，必要时，在翻译前后对诗词的含义进行解释。

例如，在翻译岳飞《满江红》当中的"壮志饥餐胡虏肉，笑谈渴饮匈奴血"一句时，为了方便游客的理解，就不宜翻译为：

I could eat the Hun5S flesh, for sooth.

In hunger—in the spirit of youth.

I could drink the Hun9S blood in a jovial mood;

If I were thirsty enough, indeed, I could.

而更宜译为：

My hungry aspirations are eager

To swallow the "Northern meat".

My burning thirst is keen

To quaff the "Northern blood".

这样，翻译出来的诗词可读性就更强，而且不会因为其中"匈奴"和"胡虏"的翻译使游客理解起来犯难。在翻译前如果再加上对岳飞英勇抗击匈奴，却被奸臣所害的悲壮事迹的讲述，游客就会对诗词有更深刻的理解，更能体会到诗中所表达的岳飞英勇、悲壮的情怀。

另外，对联的翻译也是旅游语体翻译中的一个难点。对联雅称楹联，俗称对子，别称门联、联语。它言简意深，对仗工整，平仄协调；是由律诗的对偶句发展而来的。对联的翻译主要掌握两个要点：第一，要准确翻译原文，切不可为了形式的需要，而改变原文的含义；第二，翻译时要突出对联的特点，或两联字字相对，或两联句子结构相同。

技巧上可以是以偶对偶，以工对工，好译文要力求达到形美、音美、意美，再现汉语对联的韵律之美。

例1：近水知鱼性，居山识鸟音。

译文：Living near the water one knows the nature of fishes;

Living in the mountains one understands the sounds of birds.

第四章　中西文化差异与英汉语言文化比较

第一节　语言与文化的关系

语言与文化既各自构成独立的体系，又相互联系、相互作用、相互制约。要想全面、深刻地了解一种语言，仅把它作为一个独立的系统来研究是不够的。我们还需要把它放在由语言与文化两者构成的框架内加以考察，了解语言与文化之间错综复杂的关系。只有这样我们才能真正了解语言。

一、语言的特征、结构与功能

语言学界至今对语言还没有一个清晰而统一的定义。因为不同的时代、不同的学派对语言有不同的看法。美国语言学家萨丕尔认为，语言是人类所特有的，非本能地使用自发创作的符号沟通思想、表达情感和愿望的交际手段。乔姆斯基在《句法结构》一书中指出：语言是一组（有限或无限的）句子，每个句子长度有限，并由有限的成分构成。虽然语言学家对语言的定义在表述上有区别，但是都是从语言的本质角度出发的。一般来说，可以把语言定义为：人类用于交际和思维的最重要的符号系统。蜜蜂、海豚、黑猩猩等动物，都有自己的交际手段，但是，大量的研究表明，它们没有人类这样的语言，语言是人类所独有的。人类可以使用多种工具进行交际和思维，但是，语言是人类生产生活最为重要的工具。

（一）语言的特征表现

语言是人类所特有的交流手段。美国语言学家霍凯特提出了人类语言不同于动物沟通方式的几种区别性特征。

（1）语言的任意性。语言的任意性，指符号与所指物之间的关系是任意的，即词素的音和义之间的组合是任意的，不是有意设计的。自索绪尔时期，语言学家们在语言的任意性特点上达成共识，认为语言符号与它所指的对象的关系，更具体地说，就是声音与意义的关系。在任何一种语言里，可以解释的，亦称有理据的声音与意义的关系的现象总是少数的。

（2）语言结构二重性。语言结构二重性，指在语言研究中发现语言具有双重结构的特征。在语言的高级结构中，语言是有意义的最小单位的集合，如词素和词；在语言的低级结构中，语言是序列化的切分成分的排列，这些切分成分自身没有意义，但是可以组合成意义单位。在语言结构中，低级层次中的语音单位组成高级层次中的更大的单位，叫作结构二重性。

（3）语言的创造性。语言的创造性，指我们可以理解和创造本族语言中无限多的句子，而且包括那些从未听过的表述。语言的创造性和能产性来自语言的二重性，即语言符号的任意性和相似性，因此说话者能够结合各个语言单位形成无数的句子。

（4）语言的不受时空限制性。语言的不受时空限制性，指语言既可以描述在场的事物，也可以描述不在场的事物；换言之，语言可以描述过去、现在、未来的真实的或想象的东西；语言甚至可以描述自身。

（5）语言的文化传递性。语言的文化传递性，指语言系统必须通过学习才能获得。尽管人类语言能力需要一定的生物基础，但语言不以生物基因方式传递。人们学习语言是文化现象而不是生物现象。

（二）语言的结系统构

语言是一个有着严密的结构组织的复杂的符号系统。所谓系统，就是由若干相互联系的元素组成的、具有特定整体功能的集合体。系统的两个最主要的特点是：系统内部元素之间的联系性；系统外部功能的整体性。语言作为一个复杂的符号系统，其内部元素（语言单位）之间有着复杂而密切的联系，构成了语言的层级结构体系；语言系统又有自己特定的外部功能——传递信息，而语言系统的这种传递信息的整体功能又取决于语言的不同层面。

语言作为一个复杂的符号系统，从其内部结构来看，可分成四个大的子系统：语音系统、语义系统、语汇系统、语法系统。这四个子系统之间既相互区别，又相互联系，充分体现了语言这个复杂的符号系统的特殊性。

1. 语音

语音一般是由人的发音器官发出的表达一定意义的声音，是语言符号的物质形式。发音器官的活动部位和活动方式的不同，决定了语音的不同性质。这种性质是语音的生理性质。语音发出以后，同自然界的其他声音一样，表现为声波。声波具有各种声学性质。语音的生理性质和声学性质，都属于自然性质。语音作为语言符号的形式，其功能是区分不同的语言符号。而某种语音能否区分不同的语言符号，不仅仅取决于语音的生理性质和声学性质，更主要的是取决于语言使用者的社会环境。所以，语音的这种区分不同语言符号的功能，就是语音的社会性质，或者说社会功能。

2. 语汇

语汇，又叫词汇，是词语的总汇，即语言符号的聚合体。语言符号包括语素、词和固定短语。语汇所指范围有大有小，最大范围是指一种语言系统中的全部词语，如汉语语汇、英语语汇等；语汇也可指一种语言或方言中某个历史时期的词语的聚合体，如现代汉语语汇、中古英语语汇、北京话语汇等；语汇有时还指某个作家、某部作品、某个学科或某种性质的词语的聚合体。如鲁迅的语汇、《红楼梦》的语汇、计算机语汇、常用语汇等。语汇是个集合概念，不能指个别词语。

3. 语义

语义就是语言的意义，是语言形式所表达的内容。语义是客观事物现象在人们头脑中的反映，即人们对客观事物现象的认识，这种认识用语言形式表现出来，就是语义。因此，语义与客观世界、主观世界、语言世界都有密切的联系。语义是语言系统中最复杂的要素，有多种多样的性质，也有多种多样的类型。

4. 语法

语法就是语言的结构规则，即词语的组合规则。哪些词语能相互组合，哪些词语不能组合；哪些词语能以这种方式组合，哪些词语能以那种方式组合；词语在组合时，形式是否要发生变化，又要怎样变化，都有一定的规则，这些规则就是语法。

（三）语言的具体功能

语言由人类创造，为人类所使用，并在使用过程中得到发展。语言的功能具体归纳如下：

（1）信息功能。语言反映思维的内容，记载、记录信息，为表达内容服务，内容是说话者自我意识的内部世界。语言是思维的工具，人们往往觉得有必要大声讲出他们的思想，能够用语言记录事实是社会发展的前提。所以它是语言最基本的功能。

（2）人际功能。人际功能是语言最重要的社会功能，人们以此建立并维持在社会中的身份地位。功能语法框架中的人际功能注重说话人和受话人的相互关系，以及在话语中表达的态度，即表明交际双方亲密程度的语气及称呼上的用词等。人际功能是一个涵盖非常广阔的范畴。主要包括组合功能、施为功能、情感功能和娱乐性功能等。

语言的组合功能指既成语言，按其语法规则，组成规范的语句。语言组合是语言交际功能的基础。任何一种语言都有其规范语言的语法规则。只有按其语法规则，择词造句，才能算是规范的语言，才能具有语言功能，否则，会使人产生误解，甚至不知所云。

语言的施为功能，即行事功能，指在正式场合中使用的仪式化的语言，其结果可能改变受话者的命运、社会地位等。例如：婚礼、宣判、祈福等场合中持有话语权的人所说的施为性语言。

语言的情感功能既可以体现为改变受话者情感的表达，如赞扬、责骂等，也可以是说话者自我情感的表达，如表示懊恼、愤怒或感叹等。

语言的娱乐功能指利用语言的音、义、节奏等进行游戏性质的表达和创作，如：绕口令、儿歌、诗歌等，以语言的精妙与美丽进行娱乐。

（3）元语言功能。语言学研究语言，同时用语言记载和描述研究的过程和成果，语言的这一功能叫作元语言功能。比如，可以用"书"指代一本书，也可以用"书"这个词来指代"书"这个词本身。这使语言具有无限的自我反身性：人类可以谈论"说话"，也可以思考"思考"。所以只有人类才能提问："元语言功能对交际、思考及人类的意义是什么？"

二、文化的特征与类型

（一）文化的特征表现

文化是人创造的，与人本身和人的活动有关，这就决定文化具有传承性、符号性、人为性、变化性等特征。

1. 传承性

文化是一个群体所共享的信息集合，人们获得这些信息的方式不是通过遗传基因，而是通过后天习得或学习。文化是人类在发展过程中为满足某种需要创造出来的，为人群所共享，并通过群体传播和继承，正因为文化可传承所以可积累。人们在社会化过程中获得文化知识，学习对象可能是父母、其他家庭成员或任何人，获得文化知识的方式可以是正式的途径，如接受学校教育，也可以是非正式途径，如日常生活中的观察、经验、阅读等。

2. 符号性

语言、文字、图形、宗教仪式等都是通过符号来表示和表达，人们运用具体的符号表示具体事物或抽象概念。符号是任意的，从形态到意义在不同文化中差别很大。以语言为例，语言是文化的构成因素之一，语言的符号性特征最为明显。语言的多样性，不同的语音、形态等语言要素体现了符号的任意性特征，如汉语中"猫"，在英语中是"cat"，法语中是"chat"，日语中是"Neiko"，西班牙语中是"Cato"，德语中是"Katze"，俄语中是"Koska"。图形符号在不同的文化中意义迥异，如六角星在一种文化中可以代表神圣，在另外一种文化中则可能代表异教和对神灵的亵渎。

3. 人为性

与文化相对的词汇是自然。自然的造物不是文化，经过人类改造和创造的自然物，如园林、假山、盆景等，是文化产物。就生理现象而言，如吃、喝、睡等，人类似乎与动物有相似性，但事实并非如此。文化影响了这些行为，例如吃（喝）

什么、怎么吃（喝）、何时吃（喝）、睡在哪里、何时睡、怎样睡等。饮食文化一词体现了人们对"吃"这种行为的看法，即"吃"是一种文化。"吃"超出了生理需要本身，引申为一种符号，满足人们的某种心理需要。例如在中国，春节要吃饺子，"饺子"是"交子"的谐音，意思是新旧更替；除夕吃鱼，取"余"的谐音，意思是年年有余，是一种祝愿和愿望。"喝"这种行为也不仅是解渴，而更具社会意义和文化意义。请喝酒的意义并不在于喝酒本身，而是为某种交际目的而组织的社交活动。随着饮食文化而产生的精美器具和烦琐的礼节更加体现了饮食的文化性。

4. 变化性

文化是人类满足自身需求的结果，有适应性调节的变化性特征。从历时角度看，文化是变化的，政治、经济的发展以及外来文化的冲击使各时期的文化发生变化。例如"楚王爱细腰，宫中多饿死"，而到了杨玉环受宠的唐代，丰腴则成了评判美女的标准。从共时性角度来看，文化变化的原因可以是技术的发展和新发明的出现，如飞机和火车改变了人们的交通方式，使人口流动更加容易；电话、电视、电脑、互联网的出现改变了人们的思维方式和行为方式，也可以是文化间相互融合的结果。全球化进程加快，为了便于交际人们需要统一的规则，如法律等，各民族文化在相互借鉴、学习的过程当中改变了原有的文化模式。例如：英语在全球范围内的推广影响了很多语言的话语结构。汉语中，尤其在高校，人们打招呼不再使用"吃了吗？""上哪儿？"等表达，而是说"嗨""哈喽"。

文化是人类活动的结果，为一个群体所共有。人类的共性使不同的文化模式具有共同的特征，共同特征的存在使我们能够学习、研究、比较文化。

（二）文化的类别划分

通常情况下，文化研究者往往依据各自不同的视角，对文化做出不同的分类。

1. 依据文化的结构和范畴划分

（1）广义的文化。广义地说，文化指的是人类在社会历史发展过程中所创造的物质和精神财富的总和。它包括物质文化、制度文化和心理文化三个方面。物质文化是指人类创造的种种物质文明，包括交通工具、服饰、日常用品等，是一种可见的显性文化；制度文化和心理文化分别指生活制度、家庭制度、社会制度以及思维方式、审美情趣等，它们属于不可见的隐性文化，包括文学、哲学、政治等方面。

（2）狭义的文化。狭义的文化是指人们普遍的社会习惯，如衣食住行、风俗习惯、生活方式、行为规范等。

2. 依据文化的内部结构划分

（1）物态文化。物态文化，又称物质文化，是人类的物质生产活动方式和产品的总和，是可触知的具有物质实体的文化事物，包括饮食文化、服饰文化、园林文化等。它以满足人类生存发展所必需的衣、食、住、行一类条件为目标，直接反映人与自然的关系，反映人类对自然的认识、利用和改造的程度与结果，反映社会生产力的发展水平，是一种可以感知的、具有物态实体的文化事物，是人类从事一切文化创造的基础。

（2）制度文化。制度文化是人类在社会实践中组建的各种社会行为规范所构成的制度文化层，是人类处理个体与他人、个体与群体关系的文化产物，包括社会经济制度、婚姻制度、家庭制度、政治制度等。人是社会化的动物，社会活动要求人处理好人与人、人与社会的关系，否则，社会就会陷入无序。制度文化是解决与规范、协调人与人之间行为的文化，具有很强的调适性，因此，制度文化又称为调适文化。

（3）行为文化。行为文化是人际交往中约定俗成的习惯性定势构成的行为文化层，它是以礼俗、民俗、风俗等形态出现的，见之于日常生活中，具有鲜明民族特性和地域特性的行为模式。一定的行为文化又是一定的精神文化，尤其是观念文化在人们社会实践中的反映。

（4）心态文化。心态文化也称精神文化，是人类在社会意识活动中孕育出来的价值观念、审美情趣、思维方式等主观因素构成的心态文化层，是文化的核心。具体来说，精神文化又可进一步区分为社会心理和社会意识形态两个部分。社会心理指人们日常的精神状态和思想面貌，是尚未经过理论加工和艺术升华的流行的大众心态，包括人们的情绪、愿望和要求等。社会意识形态是指经过系统加工的社会意识，往往是由文化专家对社会心理进行理论归纳、逻辑整理、艺术升华，并以著作或作品等物化形态固定下来，流行传播，垂于后世的。

总之，物质文化是人类在适应自然的同时，改造自然、征服自然的成果，反映的是人与自然的关系；制度文化和行为文化是人在建立社会、推动社会发展过程中的创造及其行为的自觉，反映的是人与社会的关系；精神文化是人在自身发展的历史过程中主体意识的自觉及其精神创造能力的成果，反映的是人与自我的关系。

此外，从时间角度上，可把文化分为原始文化、古代文化、近代文化、现代文化等；从空间角度上，可分为东方文化、西方文化、海洋文化、大陆文化等；从民族角度上，可分为汉族文化、藏族文化等；从社会功能上，可分为礼仪文化、服饰文化、校园文化、企业文化等；从文化的品位、性质上，可分为先进文化、落后文化和腐朽文化，等等。

文化分类的实质是文化成分或构成文化的要素的分类。文化的构成比较复杂，既包括可见实体又包括抽象概念，这导致了文化分类方式的多样性。从语言教学角度出发，文化的构成决定了语言的教学内容，外语学习者既要掌握其目的语言文化的内核，如信仰、世界观、价值观等内容，还要掌握其日常的行为习惯、风俗传统。

文化与人类的生产与生活相互交织。服务于生产、生活的语言翻译，自然离不开文化。作为一种跨文化交际活动，翻译活动中可能涉及世界各地文化，包括世界各地人们生产、生活的各种物质和精神结果，如生产工具、饮食、服饰、家居、建筑、雕塑、人文景观、手工艺、绘画、舞蹈、音乐、体育、娱乐、思维方式、价值观念、宗教信仰、神话传说、伦理道德、法律法规、典章制度、风俗习惯、礼仪、科技、教育、文学、哲学、历史，等等。

三、语言与文化之间的关系

（一）语言是一个本身具有文化价值的符号系统

众所周知，语言是一种社会文化现象，是社会文化发展的产物。任何语言的生存发展都离不开其赖以生长的社会文化环境。

语言及其他交际系统是文化的一个成分或层次。显然，语言不可与文化等同起来。除了语言之外，文化还包括若干成分或层次。从这个角度来看，语言与文化的关系是部分与整体的关系。我们不知道语言与文化何时产生，但可以想象它们一定是同时产生的。可以说，语言本身是一个具有文化价值的符号系统。

一定的语言总是历史地和一定文化相关联。语言是相关文化（尤其是文学）的关键。各种语言本身只能在语言所处的文化背景中才能被充分认识，语言和文化总是被一起研究的。使用者通过语言的使用来识别自己和他人，他们也把语言看作是从属于某个社会团体的一个标志。对一种语言的禁用往往被其使用者看作是对其文化的否定。因此，可以说语言象征着文化现实。

（二）语言反映文化

语言是一种符号，通过记录、表达人们的认识、思维、交际，参与文化的形成。语言是文化的载体和容器，人们的知识与经验可以用语言来描述和储存。人们的生活习俗、行为模式可以用语言来描述和分析；社会制度、价值观念、信念、世界观可以用语言来描述、分析、评价；甚至像绘画、雕塑、舞蹈这样的视觉艺术及音乐、歌曲这样的听觉艺术也可以用语言来描述和评价。人们谈话时参照的是他们共同的经历，他们之所以能够彼此理解，是因为他们拥有共同的知识库。另外，人们所说的话也体现了他们的态度、信仰、观点，等等。可见，语言不仅是文化的记录者，还是文化的创造者。

诚然，文化可以以物质的形式存在。但这里所说的物质是指融入了人的智慧、技能、合作与劳动的物质。任何这样的物质的生产与使用都离不开作为交际媒介的语言。生产离不开合作，合作离不开语言。物质产品的使用也离不开语言，产品的使用说明书都是用语言写成的。语言之所以能成为文化的载体和容器是由语言的特性所决定的。语言是文化中的一个特殊成分。它可以描绘、叙述、说明、分析、评价文化的任一成分，包括语言自己。我们都知道我们可以用语言来描述、说明、分析语言。同一团体或社群的成员不仅交流他们的经历，也通过语言创造经历。他们选择一些物质媒介，比如电话、写信或发邮件等方式，通过语气、表情、手势等语言或非语言的手段赋予所创造的经历以意义，从而使之能够被其群体接受。从这个意义上说语言是文化的镜子。

语言是我们从事社会活动要借助的主要方式，置之于交际背景之中，它以各种方式与文化紧密地联系在一起。语言的文化反映主要表现在以下几点：

1. 语言反映生存环境

文化的形成脱离不了自然地理环境的影响，特定的地理环境造就了特定文化，特定文化反映在语言中形成特定的表达。正如爱斯基摩语中有数量众多的关于雪的词汇一样，山地文化或畜牧文化中的自然生活环境和生活方式以及物质文明在其语言中都有所体现。

2. 语言反映风俗习惯

风俗习惯是一种社会文化现象，是社会群体经过长期的共同生活而共同创造、共同遵守的生活习惯和行为习惯。民间的风俗和习俗包括社会礼仪、习惯、生活方式、婚姻传统、信仰、迷信等。汉语中"礼尚往来""先来后到""人敬我一尺，我敬人一丈"等表现出中国人的处事态度和行为习惯。英语习语"let one's hair down"意思是放松，也是来自英国早期的习俗：妇女不管在什么场合中，头发都得往上梳理整齐，只有单独一人时才能把头发放下来，所以"把头发放下来"意思是放松一下。

3. 语言反映民族心理

语言是民族文化的载体，体现民族心理，如伦理道德观念、价值观念等。中国文化基于农业文明，封建主义结构重视亲属关系，亲属的称谓细致严格。汉语中"嫂子"译成英文是"sister-in-law"，但是这两个词的词义不完全对等。"嫂子"指哥哥的妻子，"sister-in-law"表示兄或弟的妻子。从形态特征来看，"嫂"的字源为"叟"，意思是长者，《仪礼·丧服》中释义为："嫂者，尊严之称。嫂犹叟也。叟老人称也。"可见"嫂"字体现了中国人家庭伦理观中严格区分长幼尊卑，君君臣臣，父父子子，长兄为父，长嫂为母的等级制度。英语中的"sister-in-law"意思是"从法律角度来讲是姐妹"，体现了英语文化从法律角度看待婚姻亲属关系的民族心理。

词汇中褒义词汇和贬义词汇也反映了该文化的民族心理。游牧和狩猎是西方原始居民的主要生存手段，古希腊神话中有狩猎女神和牧神。狗是狩猎女神的好伙伴，在很多关于狩猎女神的画像中都有猎狗相伴。狗在西方文化中被看作是人类的挚友。英语中有很多用狗来描述人们日常行为的词，例如：work like a dog（拼命工作）；love me, love my dog（爱屋及乌）等。

中国文化基于农业文明，在日常语汇里，有关狗的表达中包含贬义的很多，如鸡鸣狗盗、狼心狗肺、人模狗样等。相比之下，牛是耕种的好帮手，关于牛的表达有很多赞誉之词，如俯首甘为孺子牛、黄牛精神等。可见，从言语表达中，我们可以看到一个民族的好恶和传统，语言反映民族价值观念。

（三）语言影响文化

在语言与文化的关系上，语言并非只是被动地接受文化的影响与制约，它也对文化施加影响。如果我们想使用另外一种语言来交流，不仅需要了解其符号，也需要了解使用这些符号的规则。但是，仅这两点仍然不够，因为语言同时影响着人们认识自然环境和社会环境的过程。语言，对于个人感知和理解这个世界具有主要的影响。对这一观点表示强烈支持的是"萨丕尔－沃尔夫假说"（Sapir-Whorf Hypothesis）。"萨丕尔－沃尔夫假说"是20世纪50年代，在美国人类学家、语言学家萨丕尔（Edward Sapir）和他的学生沃尔夫（Benjamin Lee Whorf）过世后，一些语言学家为概括其相关理论而提出的一个命题。该假说包括两个基本观点：

第一，语言决定论，即语言决定思维、信念、态度等。语言不同的民族，其思维方式完全不同。这是该假说的强式表述或观点。

第二，语言相对论，即语言反映思维、信念、态度等。换言之，思维相对于语言，思维模式随着语言的不同而不同。语言影响思维，语言不同的民族，其思维方式在一定程度上有差异。

"萨丕尔－沃尔夫假说"在人类学、社会学、哲学、心理学、语言学等一系列人文科学研究中产生了巨大的影响，引起了激烈的争辩。语言影响思维，语言不同意味着说话者感知的世界也同样存在差别。随着语言学、语言文化学研究的发展，"萨丕尔－沃尔夫假说"被新的理论推翻，但是仍然反映出语言与文化的紧密联系。

对这一点，美国结构主义语言学家霍凯特（Hockett，1958）谈得最为透彻。他说："语言的差别不在于能说什么，而在于说什么要相对容易些。"我们知道所有的语言都可以用来表达语言使用者想要表达的任何东西，但某些语言可能更适合表达某些概念。例如，英汉语都可以表达亲属关系，但汉语表达亲属关系更便利，因为汉语中有更多的亲属关系词。汉语中的"伯""叔""舅""姑父""姨父"只对应英语的 uncle 一词。尽管如此,英语也能准确地表达汉语中的"伯""叔""舅""姑父""姨父"所表达的亲属关系。只是"伯"要说成 father's elder brother(父亲的哥哥),"叔"要说成 father's younger brother(父亲的弟弟),"舅"要说成 mother's brother(母亲的兄或弟),"姑父"要说成 father's sister's husband(父亲的姐或妹的丈夫),"姨父"要说成 mother's sister's husband(母亲的姐或妹的丈夫)。显然,英汉语都能清楚地表达这些亲属关系,但汉语的表达方式简洁、明了,而英语却显得"笨拙""拗口"。这首先是中英文化差异造成的。在我国传统社会里,家族关系有着重要地位。典型的家庭模式是"大家庭"(extended family),祖父母、父母和已成亲并各有小家庭的儿子们都住在一起,需要较多的亲属关系词来称谓不同亲属。反过来,这众多的亲属关系词又潜移默化地突出、强化着汉语使用者的家族观念。这就是霍凯特要表达的含义。一种语言由于能够比较容易地表达某些事物与概念,就可以突出它们,使它们更多地引起人们的关注,从而强化这些事物与概念。这是语言影响文化的主要方式。

(四)语言受文化的影响与制约

1. 社会文化一定程度上制约着语言使用者的思维方式与表达能力

例如,雪对生长在寒冷的北极圈里的因纽特人来说是尤其重要的,是性命攸关的,区分并能谈论不同的雪对他们很重要。因此,在因纽特人的语言中,雪的各种形状和环境都得以命名,有 20 多个词分别指称不同的雪——地上的雪、石上的雪、堆积的雪、下着的雪、蓬松的雪等。而英语国家中,雪则是无足轻重的,只有一词 snow(雪)。这并不意味着英语作为一种语言没有能力区分不同类型的雪。英语没有这些词汇表达各种不同类型的雪是因为对英语国家的人来说没有这方面的社会文化需要。[①]

美国是一个工业高度发达的国家。汽车与美国人的生活息息相关,美国英语中多达 26 个词指称汽车,并有许多与汽车相关的词语。酒后开车是一大社会危害。因此,美国英语用不同词语表达"醉酒",如 pissed、pickled、drunk、

---

① 崔姗,韩雪. 英语文化与翻译研究[M]. 北京:新华出版社,2015:18.

intoxicated、under the influence 等。然而，因纽特人的语言中没有如此多的词语表达汽车和醉酒，同样是因为没有社会文化需要。

再如，阿拉伯人生活在沙漠地区，骆驼被称作"沙漠之舟"，在沙漠地区的作用非同一般。阿拉伯语中表示骆驼的词很多，以用来区分不同年龄、性别、种类、大小的骆驼。而英语和汉语中都只有一个词（camel 和骆驼），而且都是借自闪含语系（阿拉伯语、希伯来语都属该语系）。这反映出了文化所处的地理环境对语言的影响。

但是，影响语言的绝不只是文化所处的地理环境，还有很多其他的因素，如家族关系。家族关系在我国传统文化中非常重要，因此汉语中有大量亲属关系词，至少比英语中的亲属关系词多很多。英语中"cousin"一词意指亲属关系中与自己同辈的称谓。父亲一方：堂哥、堂弟、堂姐、堂妹（父亲同胞兄弟的孩子）；（姑）表哥、表弟、表姐、表妹（父亲同胞姐妹的孩子）。母亲一方：（舅）表哥、表弟、表姐、表妹（母亲同胞兄弟的孩子）；（姨）表哥、表弟、表姐、表妹（母亲同胞姐妹的孩子）。英语中一个词"cousin"能够指称众多的成员，这表明某社会成员与这些分布在不同亲属地位中的同辈人都保持相同关系，对他们的社会行为都一样。而汉语中对众多亲属成员使用众多称谓，说明了某社会成员与他们每一个人都保持着一种独特的关系。

2. 文化的动态特征引诱语法和词汇意义的变化

例如：古代汉语文言文的语法结构与现代汉语差别很大，定语后置现象和状语前置现象很多。随着社会的发展，时代的变迁，白话文运动、汉语拼音方案、简化字、标准普通话等运动使汉语发生了巨大的变化。新事物、新思潮的出现，外来文化的影响也使很多词汇的意义发生巨大变化。例如："小姐"一词，原是对古代贵族家庭中的女儿的尊称，后泛化为对女子的尊称，而现在对女子都敬称为"女士"。英语中描写新文化现象、文化潮流、时代特征的词汇也很多，如hippy（嬉皮士）、yuppie（雅皮士）、Watergate（水门事件，泛指政治丑闻）。文化创造了这些词汇，同时这些词记录了文化，并反映了当时的文化特征。

而且，词汇并不是反映语言与文化之间密切关系的唯一语言项目，其他语言项目，如语法、语言使用、习语、谚语等，都在不同程度上反映着语言受文化影响和制约这一事实。但我们也不可走向极端，认为语言完全是由文化决定的或任何语言项目都是某一文化项目的产物。实际上，任何语言都是一个系统。很多语言项目可能反映的是语言作为一个系统的特征，在文化中不一定能找到答案。这意味着语言项目的文化含量是不同的。有些语言项目的文化含量要高些，有些则要低些。我们研究、讨论语言与文化的关系，就要首先找出语言中文化含量高的语言项目作为研究对象。

尽管语言间存在差异，文化间存在差异，语言与文化又相互影响，但人无论讲何种语言、家住何方，在生理上、文化上都有很多共同点。这些共同点被称作生理共同性和文化共同性。生理和文化共同性又与语言共同性有关。可能所有的人类语言中都有名词、动词及各种功能词。在不同语言间，一些科技语（如 laser 对"激光"，electron 对"电子"）、一些词的概念意义或基本词义（如 book 对"书"，run 对"跑"）相互对应。

文化通过语言代代相传。这就是说文化存储于语言之中，一代新人学习语言并通过语言学习文化，最后接受本族文化，成为本族文化的一员。语言学习与文化学习不可分。这也表明语言与文化的密切关系。

第二节 中西文化差异及其原因分析

一、中西文化的差异表现

一方水土养一方人，生活在不同地域的人与人之间就肯定有文化之间的差异。无论作为方言或语言，人们要跨越差异就必须了解差异的所在。

（一）中西思维方式方面的差异

每一种语言都是该语言民族思维特征的体现。不同的民族有着各自不同的思维方式、思维特征。贾玉新认为，西方民族的思维模式以逻辑、分析、线形为特点，东方民族的思维以直觉的整体性与和谐的辩证性著称于世。西方人见长于分析和逻辑推理，因此思维模式呈线式；而东方人长于整体，他们富于想象和依靠直觉，因此可以讲是一种圆式思维模式。

一方面，西方注重抽象思维，而中国注重形象思维。希腊哲学是西方哲学的源头，古希腊人对自然有着浓厚的兴趣，他们关心世界本源、主客体关系、事物如何发展变化等。虽然他们在简单仪器下的观察和缺乏逻辑连贯性的实践，其理性的方式并不系统，但他们的这种直接观察总是弥漫着理性思维的色彩，抽象思辨是西方思维的特征。而作为东方民族典型代表的中国传统思维方式，则以直觉和经验为特征。中国古代科学和哲学的各种概念和范畴是靠向内思维得到的，是将各种经验现象酝酿体会豁然贯通而提出来的。这些概念和范畴的理解与西方向外思维逻辑演绎所得到的不同，理解只能意会而难以言传。两种不同的思维方式直接反映在句子词汇的使用层面上。一般来说，汉语较多地使用具有实际意义的具体名词，较少地使用表示抽象概念的名词；而英语中抽象名词的使用频率高于汉语。

另一方面，西方注重细节分析思维，而中国注重整体综合思维。两种不同的思维方式，对英、汉语的结构形态产生了不同的影响：分析型的思维方式使英语有明显的词形变化、形式多样的语法形式和组词造句，使英语的意思比较直白、精确；而综合型的思维方式使汉语无词形的变化，语法形式的表达主要依靠词汇手段，组词造句依据语义逻辑，汉语比较含蓄模糊、耐人寻味。例如，在姓氏排列中，中国姓氏先是宗姓、辈分，其次才是自己的名字，突出的是氏族整体；西方国家则先是自己的名字，再是父名，然后才是族姓，突出的是自己。又如，在时间、地址的书写表达顺序上，中国人习惯以年、月、日从大到小依次为序，地址则是按省、市、县到门牌号码排序，突出的是从整体到个别的析出关系；西方人则与中国人的顺序表达恰好相反，突出的是个别到整体的合成关系。

（二）中西哲学思想方面的差异

哲学是最能表现一个民族文化的精神产品。中国传统哲学和西方哲学因生存环境、社会状况、历史背景和文化传承的差异，形成了两种不同的特征。中国传统哲学以天人合一为主导，西方哲学以天人相分为前提。中国哲学以人生哲学为核心，以道德和艺术为精神，以直觉和领悟为方法，突出至善至美的价值功能；因为注重天人相分，西方哲学以本体论和认识论为基本内容，以逻辑分析为主要方法，带有科学精神和宗教幻想，充满理性色彩，以求真求知为主旨。

受传统思想的影响，在中国人的心目中轻个人、重集体，而西方恰恰相反，重个人、轻集体。中西方对人生本位的认识，就出现了集体本位主义和个人本位主义的差别。西方人崇拜个人奋斗，尤其为个人取得的成就而自豪，从来不掩饰自己的自信心、荣誉感以及在获得成就后的狂喜。相反，中国文化却不主张炫耀个人荣誉，提倡谦虚谨慎。

从群体本位和个体本位的不同原则出发，不可避免地导致了中西文化在性格和社会价值取向上的差异，导致了中国人注重节制、追求和谐和平稳的文化性格与西方人鼓励竞争、追求功利、崇尚力量和进取的价值目标的差别。这一差别不仅体现在双方的思想和行为方式上，也充分表现在中西文化的不同风格中。

中国文化从自己的群体价值目标出发，必然把协调人际关系放在首位。而要达到这一目的，就必须将实现社会平衡的要求作为调整个人言行的尺度，做到"允执其中"。这便是儒家所说的"修身"，并由此而衍生出"中庸""中和"的价值原则和人格标准。

而以个体的商业活动为经济基础的西方文化，始终把"利"与"力"看作是健康的价值，它鼓励人们积极地追求现实功利，并在平等的基础上展开竞争，击败对手，努力获取个人的最大利益和幸福。它主要表现在三个方面：功利主义的道德原则；强烈的竞争意识和冒险精神；对力量和实力的崇拜。

（三）中西日常生活方面的差异

1. 行为规范不同

行为规范的具体含义就是指被社会所共同接受的道德标准和行为准则，简单地说，就是告诉人们该做什么和不该做什么的一种规范。不同文化背景的人们在交流时，经常出现的一个现象就是套用自身所在社会的行为规范来判定对方行为的合理性，由于双方的行为规范存在差异，常常会产生误解、不快甚至更坏的结果。比如说，中国人轻拍小孩子的头部表示一种友好；而在西方国家，这是一种极不尊重小孩子的做法，父母会对此非常愤怒。所以说，在跨文化交流中是否能够正确地识别和运用行为规范是保证跨文化交流顺利进行的重要因素。要保障跨文化交际的顺利进行，就必须理解对方的行为规范，尤其是对方禁止的行为，而入乡随俗不失为一个绝好的办法。

2. 语言交流不同

由于生活在不同的文化背景中，各民族人逐步形成了不同的社会心态，即使对同一事物也往往有不同的好恶。

如打招呼。在西方国家，无论是在城市还是乡下，当人们在路上邂逅时都喜欢谈论天气（Lovely weather, isn't it？）或只说一声"Hello"，或按时间来分说声"早上好""下午好""晚上好"就可以了。而在中国，人们在问候时大多使用"吃了吗""上哪呢""最近忙什么"等，这体现了人与人之间的一种亲切感。但对西方人来说，这种打招呼的方式却令对方感到很突然、尴尬甚至不快，因为西方人会把这种问话理解成一种"盘问"，感到对方在询问他们的私生活。

再如告别语。中西语言中有多种不同的告别语。例如，在和病人告别时，中国人常说"多喝点开水""多穿点衣服""早点休息"之类的话，表示对病人的关怀；但西方人绝不会说"多喝水"之类的话，因为这样说会被认为有指手画脚之嫌，他们常会说"多保重"或"希望你早日康复"等。

再如，客套用语。中国人注重谦虚、内蕴，在与人交流时，讲求"卑己尊人"，并将此看作一种美德，这是一种富有中国文化特色的礼貌现象。一般情况下，中国人在得到别人的赞扬时，往往会自贬一番，以表谦虚有礼；而西方人在受到赞扬时，总会很高兴地说一声"Thank you"表示接受。在中国人看来，西方人过于自信，毫不谦虚；而当西方人听到中国人否定别人对自己的赞扬或者听到他们自己否定自己的成就甚至把自己贬得一文不值时，会感到非常惊讶，认为中国人不诚实。比如，别人夸你："你很棒"，你为了表现谦虚，回答说："哪里哪里，我还差得很远"，这在中国人看来当然是一种谦虚的说法；而在西方人看来，这样不仅否定了自己，还否定了赞扬者的鉴赏力。

3. 人际关系不同

西方国家受自由思想的影响，在对待人际关系上有两条原则：一是女士优先；二是人人平等。"人人平等"的观念在西方国家也是深入人心，无论男女老幼，一律平等，晚辈对长辈，下属对上司，都可直呼其名，平民跟总统也都是完全平等的关系。在中国，由于受传统思想的影响，家族和家长制度仍根深蒂固地留在人们的头脑中。尊老爱幼是中华民族的传统美德，对长辈、对领导要心存敬畏，所以在一些场合中很少直呼其名。

4. 个人隐私不同

中国人热情好客，在交往中饱含热情，问寒问暖，似乎没有什么可保留的，对于了解有关年龄、职业、收入、婚姻状况、子女等问题，觉得都理所当然，可以说隐私观念比较薄弱；而在西方国家中，特别重视对方的隐私权，凡是涉及个人隐私的都不能直接过问，西方人一般不愿意干涉别人的私生活和个人隐私，也不愿意被别人干涉。比如，中国人会直接询问别人所买物品的价格，因为在中国人看来，物品的贵贱只是表示该物品的质量；而在西方人眼里，如果你直接询问别人所购物品的价格，就可能是在探问对方的经济条件。

（四）中西伦理道德方面的差异

在中国，"伦理"是一个现实、具体的概念，是最能体现人的道德思想和文化核心价值的概念。儒家的道德是从家庭人伦出发，再加上其道德实践中注重人伦之"礼，因此，儒家的道德从本质上说是注重现实社会的伦理道德。中国伦理学的五种基本观念"仁""义""礼""智""信"，是儒家学说的主要内容，对中国人的道德模式产生深远的影响。中国人把道德置于一切价值之上，孟子说："有德者必有言。"在中国几千年的传统文化中，家庭观念，家庭成员之间的关系、地位、义务和权利已成为封建典章制度的重要组成部分。孟子将人伦关系概括为五伦："父子有亲，君臣有义，夫妇有别，长幼有序，朋友有信。"西方的道德是建构在对人性的抽象和超越的基础之上的，是抽象的，其构成了西方道德的实质和核心，是西方社会发展的原始动力、社会矛盾的本源。亚里士多德认为：伦理学的对象是善，善就是幸福，幸福是灵魂的一种合乎德性的活动，种种具体的善积累成至善，这种至善活动是无所为而为的真理观念。他们所关注的是个人的参与、个性的体现、个人自由的不受侵犯和个人价值的实现。

二、中西文化差异的原因分析

（一）自然环境的不同

某个民族在一定区域内居住、劳动和生活的同时创造了相应的文化，与这个民族以及相应文化相联系的有关自然地理条件就是我们所说的自然环境。自然环境是中西文化差异的横向决定因素，是人类社会及民族存在和发展永恒的、必不可少的物质前提。它主要在历史的特定时期起着巨大的作用，越往后影响力越发减弱。这些因素主要包括文化所在地区的自然环境情况，如气候、地形、资源等。它们对文化的最初形成具有奠基性作用，直接决定着文化的最初形态和以后的大致走向。

关于自然环境，特别是地理环境对人类文化发展的影响问题，是长期以来争论比较激烈的问题之一。环境决定论者认为，人类的体质特征、心理特征、民族特性、文化发展、社会进程等，均受到自然环境条件的支配。这种观点自古希腊时代起就已经存在，直至工业革命后，随着人类改造自然能力的增强，这种否定人类主观能动性，带有宿命论色彩的观点才开始受到许多学者的批判。双方的争论旷日持久，以至于后来矫枉过正，形成了偏激的观点：认为人类可以战胜并支配自然，使其为己所用，而无须顾忌自然的惩罚。

实际上，自然环境对文化的发展是否具有决定性的影响，应该具体问题具体分析。应该说，在人类文明的早期，自然环境对文化的影响是决定性的，而随着人类社会的发展，人类的主观能动性逐渐增强，自然环境的影响力逐渐减弱。也就是说，环境的影响作用与历史发展的时间进程是成反比的。它主要在特定时期起重要作用，就纵向发展而言，是呈递减趋势的。①

1. 地理条件

一般说来文化的差异最初都是来自对自然世界认识的差异。自然地理条件决定了各民族各地区文化发展的最初方向。

在自然环境上，中国自然地貌"三面高原一面向海"的特征对于古代人民来说属于一个相对闭塞的环境，使得古代中国文化基本上与外隔绝。同时地大物博的生态环境和优良的气候条件促进了自给自足的自然经济发展，使得中国人赞成尽物之性、顺物之情。而农业社会的稳定、家人亲友的长期聚居，形成了中华民族在思想文化上表现为喜同不喜异、喜静不喜动、喜稳不喜变的特征。而西方所

---

① 蔡青. 跨文化交流 [M]. 北京：北京交通大学出版社，2011：249-250.

处的海洋环境培养了西方民族原始的冒险外倾的民族性格。在他们看来，人类的力量与海洋比较起来显得很渺小和脆弱。但是人类依靠自身所具有的勇敢、刚毅、伟大斗争精神征服了大海，因而人类的气魄比海洋更伟大。这一切也都塑造了西方民族开放、勇敢的性格。

（二）社会环境的不同

社会环境也可以称作纵向诱导因素，主要指由制度、政策、法规等构成的社会意识形态的总和。它们是在文化发展的过程中逐渐衍生出来的，随着文化本身的发展，它们反过来对文化也起着越来越显著的熏染和催变作用。

中国几千年封建社会的发展中，战乱不止、动荡不息，但超稳定的农业生产方式、社会组织形式、宗法伦理观念始终维系着中华民族的传统和生存。中央集权的政治制度、以血缘纽带为基础的宗法制度使得老百姓产生了喜静厌动以及重乡土、重血缘的社会心理。而以孝为核心的伦理观念又限制了中国人的外出探求行为。孔子就曾指出："父母在，不远游，游必有方。"

而西方民族海上商贸频繁的经济活动，促进了西方人进取冒险民族性格的形成，在海洋文明的基础上将自然因素神秘化，弱化了血缘成分，将之转化为一种与血缘无关的宗教信仰，从而出现了西方宗教文化。古希腊的民主政治制度使得民主观念、法治意识成为社会全体成员所达成的共识。他们认为人人能力相等，地位平等，行为自由，人与人之间更多地体现了一种独立的性格。在这样的政治背景下，国民的精神被极大地调动起来，形成了开放、积极、进取的民族精神。

综上所述，古代中国社会强调个人与社会的关系，是一种以集体主义为主要特征的社会；而西方社会却强调个人特性和自由，是一种以个人主义为主的社会。

第三节　英汉语言结构特点比较

语言之间具有很大的可比性，这是由于作为交际工具的语言形式虽有差别但又具共性。从根本上说，英语是一种综合性语言，主要通过词本身的形态变化来表达语法意义。英语句法是一种形式句法，研究英语结构要从句子形式入手。汉语是一种分析性语言，这是指语法关系主要不是通过词本身的形态来表达，而是通过虚词、词序等手段来实现。因此，汉语句法是一种语义句法，研究汉语要从其语义功能切入。两种语言的共性体现为句子成分都包括主谓宾、定状补等，词性都可以划分为名词、动词、形容词、副词等。英汉两种语言结构的对比分析可以帮助我们认识其间的区别和联系。对于翻译而言，认识两种语言在表达形式上的不同具有特别的意义。

一、英汉句子结构常式比较

英语句子以动词为核心，因此英语基本句型的划分是根据英语及物动词、系动词、单宾动词、双宾动词、复合动词这五类动词而定的。汉语句子成分中与句型关系最密切的也是谓语动词，谓语动词是句子的关键，它管辖、制约、联系着其他句子成分，尤其是名词性成分，规定着句子的框架和格局（即句型）。即使是一些无谓语动词的句子（如"今天星期二"），或特殊句式（如"荷塘里躺着一只水牛"）都可以归入与常式句型相对的变式句型之中。总之，任何一个汉语句子都可以与汉语的某个常式句发生联系。

但值得我们注意的是，英汉两种语言的句子结构常式并不相同：英语句子主要是受形式逻辑制约，句子结构注重形式的严谨性，结构上可分为SVO（主语+谓语+宾语）三部分，体现为三分结构；而汉语句子主要是受阴阳逻辑的制约，注重句子内容的意会性，结构上可分为TC（话题和说明）两部分，体现为二分结构。因此，英汉句子结构具有本质差异，即英语句子的三分结构是语法的，而汉语句子的二分结构则是语义的。抓住这一本质差异，涉及英汉句子结构的互译问题就变得相对容易了。

（一）英语句子结构常式

现代英语一般划分为五种基本句型：

（1）SVO（主语+谓语+宾语）。该句型中，谓语动词是及物动词，及物动词后面需要接一个宾语，才能表达完整的意思。如：He never did the unexpected.

（2）SVOO（主语+谓语+宾语1+宾语2）。该句型中，谓语动词是双重及物动词，及物动词后面需要接两个宾语，才能表达完整的意思。如：I found him a room.

（3）SVOC（主语+谓语+宾语+宾语补语）。该句型中，谓语动词是及物动词，宾语后面需要接一个补语才能表达完整的意思。如：She thought the magazine very boring.

（4）SVP（主语+谓语+表语）。该句型中，谓语是联系动词，后面需要接一个表语才能表达完整的意思。如：You don't look sixty-eight.

（5）SV（主语+谓语）。该句型中，谓语是不及物动词，一般只有一个实意动词充当谓语。如：Fish swims.

以上五种基本句型均可以分为三部分。

SVO是现代英语句子结构的典型代表。英语句子以动词为中心，前有施动者，后有受动者，缺少动词就不能成为句子，缺了主语、宾语就是语法错误。因为但凡事件的发生必涉及动作、施动者和受动者，施动者是句子的主语，受动者是句子的宾语，SVO是对整个事件的完整描述，表达一个完整的意义。

SVOO中的O，即间接宾语，实际上是个状语，因此句子结构还是SVO三分。

SVOC中的C是O的补语，OC为一体，称作复合宾语，实际上也是三分结构SVO。

SVP句型在英语五种基本句型中使用最广泛，其使用频率高达30%，这是语言受形式逻辑调控的典型反映。形式逻辑的核心内容是概念和判断。判断由三部分构成：主项、联项和谓项，对应于SVP句型中的主语、联系动词和表语。SVP中的V本不表示具体动作，也不表明实在的意义。但正因为英语句子以动词为中心，必有三个部分，且三部分缺一不可，也就构成了SVP。

SV明显为两个部分，也是英语中唯一可以两分的句子，但在英语里不多见。为了满足三分的心理，人们常把不及物动词转换为动作名词做宾语。如不说They walked而说They took a walk，不说She dreamed而说She dreamed a nice dream。此外，不及物动词后边常常需要有状语，如We live in Changsha，而变为SVA（主语+谓语+状语）句型，还是属于三分结构。

英语句子结构的三分，符合英美人的语言心理，只要主语、谓语动词、宾语齐全了，一个句子有了三部分，从语法角度而言，就是合格的句子。不仅句子如此，段落也是三分，即主题句（topic sentence）、扩展句（expanding sentence）、结尾句（ending sentence）。文章也是三分，即引言（introduction）、主体（body）、结尾（ending）。组词也是如此，平行结构也往往是三个。我们常见英美人使用ABC三个字母表示"基础知识"，而不用AB两个字母，也不用ABCD四个字母。

（二）汉语句子结构常式

汉语句子结构不像英语那样三分，它只有两个部分：话题和说明。

曾有汉语语言学者将汉语句子的表意类型归纳为七种：①语义相异型。如："大漠孤烟直，长河落日圆"；②语义相反型。如："严于律己，宽以待人"；③语义递进型。如："本是同根生，相煎何太急"；④反义衬托型。如："花有重开日，人无再少年"；⑤正说反说型。如："改过不吝，从善如流"；⑥同义衬托型。如："流水不腐，户枢不蠹"；⑦同义强调型，如："同声相应，同气相求"。

不仅句子如此，汉语句群也大多如此。正所谓"因字生句，积句成章，积章而成篇"，其思维方式从组词、造句到篇章，一以贯之。

（三）英汉句子互译实例

1. 英译汉实例

就句子结构而言，英译汉就是把英语句子的三分变为汉语的两分。有些英语句子译为汉语，总感觉不通顺，实际上就是把原文句子结构直译为三分的结果。如果改为两分，就通顺了。

例1：His kindness gained him the admiration of all the people.

原译：他的仁慈为他赢得了人们的钦佩。

改译：他很仁慈，人们都很钦佩他。

分析：原文SVO三分结构。原译文逐字直译，不符合汉语表达习惯，显得不通顺。改译采用两分，原主语是偏正词组（possessive pronoun +/Z.），译文变为描写句（名词+形容词），后续评论句。

例2：It is hard to quantify the benefits of a good environment to human health.

原译：要用数量来测量好环境对人体健康的益处是困难的。

改译：好的环境对人体健康的益处很难量化。

分析：原文是SVP结构，由于翻译的影响，现代汉语里这种句式出现得越来越多了，但仔细推敲，仍有不通顺的感觉。原文的主语是不定式，原译太拘泥于原文的字句。改译分出前后两部分，比较通顺上口。原文有is，原译文里也相应有个"是"，但改译中没有出现，因为汉语描写句里不需要。

例3：That shabby and dirty house is an offense to everyone who lives in the small town.

原译：那座破旧肮脏的老房子使住在那个小镇里的人都讨厌。

改译：那座老房子肮脏破旧，住在那个小镇里的人都很讨厌它。

分析：原文是SVO结构，原译为直译，句子较长，读起来拗口生涩，显得很不顺当。改译是两分，节奏变短，易于上口。主语是偏正结构，改译为描写句，后续评论句。

2. 汉译英实例

汉译英就是把汉语两分句子的完整意义，变为英语三分句子的完整结构。其关键是在英语里寻找主要动词做谓语动词，SVO齐全了，就是一个合格的句子。

例1：我从乡下迁到京城，一晃二十年过去了。

译文：Twenty years have slipped by since I came from the country to the capital.

分析：汉语第一分句是话题，译为状语，第二分句是说明，译为主句。英语整个句子SVA三部分，是合格的句子。

例2：老父亲来接我，道："我们得尽快回家，你母亲会担心的。"

译文：My old father came to pick me up, and said, 44We shall go home as soon as possible. Your mother will worry about us

分析：引号内前一分句是话题，后一分句是说明，两个分句表示一个完整的意思，可是英译为两句，每句都是合格的SVO句。

例3：这段往事直至今日，还时时记起。

译文：Even till today, this past event remains fresh in my memory.

分析：汉语第一分句是话题，第二分句是评论，"这段往事"是"记起"的宾语，但英语里也可用"这段往事"做主语，SVP 齐全，是合格的句子。

二、英汉语言结构的相异性

（一）英汉语言的形合与意合

一般认为，英语重形合，汉语重意合。所谓"形合"指借助连词、介词、分词、不定式等语言形式手段来实现词语和句子的连接；而"意合"指借助语义和逻辑关系来实现词语和句子的连接。英语在句子结构上，以主语和谓语为中心，通过上述方法统摄各种短语和分句，步步为营，层层推进，脉络清晰，主次分明。而汉语结构松散自由，主语常省略，词与词之间少连接词，各个短句呈流散式展开，中间仅用逗号相连。但汉语的特点是"形散神不散"，虽然缺少形式上的连接词语和句子的完整性，但语意连贯，一气呵成，因此读者仍可领会其中的意义。试从以下两例体会中英文的形合与意合。

例 1：I felt gloomily sad to see the winter scene when the remnant snow piled up on the bare ground and the ashen tree branches stabbed up against the cold blue sky, while in the distance one lonely haggard bird was looming casually.

分析：从此例可发现英语的"形合"特征。此句主干清晰，是一个主系表结构"I felt gloomily sad"；不定式"to see the winter scene"引出原因状语，不定式中的宾语"the winter scene"作为先行词，后跟表示时间的关系副词"when"引导的定语从句；定语从句中的两个主句是顺承关系，用"and"连接，从句用"while"带领，表示和主句谓语同时出现的情况。此例说明，英语结构严谨，行文缜密，句与句之间的逻辑关系通过各种连接词语得以清楚地体现，宛如欧洲中世纪气势恢宏、结构对称的山间城堡。

例 2：知彼知己，百战不殆；不知彼而知己，一胜一负；不知彼不知己，每战必殆。

分析：从此例可发现汉语的"意合"特点。此复句各个分句之间用逗号和分号连接，没有一个连接词，非形式连接特点显著。但读者可以把各分句之间的逻辑关系补充出来，其连接形式如下：（若）知彼（又）知己，（则）（虽）百战（而）不殆；（若）不知彼而知己，（则）（将）一胜（及）一负；（若）不知彼（又）不知己，（则）每战必殆。汉语以意统领形，简明清新，注重意念连贯，宛如山间顺势而下的小溪，上中下游之间虽没有明显的界线，但连接自然，隽永悠长。如果增加连接词，表达形式则往往累赘臃肿，反而破坏了上述特点。

英汉两种语言的不同特点告诉我们：英译汉时需省略连接词，而汉译英时则需增加连接词。试比较以上两例各自的译文，感受形合、意合对中英翻译的影响。

例1译文：冬季，光秃秃的地上堆着积雪，灰黑色的树枝丫叉于阴暗寒冷的天空中，远处有一只疲惫寂寞的鸟儿若隐若现，我感到一种忧郁和悲哀。

例2译文：You can fight a hundred battles without defeat if you know the enemy as well as yourself. You will win one battle and lose another if you know yourself but are in the dark about the enemy. You will lose every battle if you are in the dark about both the enemy and yourself.

（二）英汉语言的静态与动态

英语倾向于多用名词，叙述呈静态；汉语倾向于多用动词，叙述呈动态。英语动词由于词尾等形态变化较为繁杂，使用起来受到较多掣肘。譬如，主谓关系限制了一个单句中大多只有一个谓语动词，少数有两个或者两个以上的并列谓语动词，其他动词都转化成分词等非谓语结构。而名词则没有这个问题。因此，名词在英语中占优势，并使英语呈现出简练、精致、严谨、凝重的审美效果。

汉语动词没有形态变化，灵活方便，因而造句功能强大，使用频率高、范围广。譬如，汉语句子中常常多个谓语动词连用，形成连动句、兼语式、"把"字句、"被"字句等典型句式。汉语中动词也很活跃，可以充当句子内部各个成分。

如：动词用作宾语：我们爱学习。

动词用作主语：学习长见识。

动词还可以广泛地代替其他词类。

如：动词用作介词：她用左手运球。

动词用作副词：他来回奔跑。

英汉语的此种差别说明，在两种语言的翻译实践中要注意名词和动词的转换。英译汉时，名词转换成动词，汉译英则相反，只有这样，译文才通顺、流畅。

例1：The interest of the Premieres arrival not only absorbed the general attention, but even made the gate keeping grandpa excited.

译文：一听得总理即将到来，没有一个人不关心，连守门的老大爷也兴奋起来。

例2：有喜有忧，有笑有泪，既付出真情，又增长见识，这就是教书的乐趣。

译　文：Joy and sorrow, laughter and tears, emotional dedication and increased knowledge — all these make up the charm of teaching.

名词的广泛使用也导致介词在英语中十分活跃。介词数量多，使用频率高，可以接名词、代词、动名词、从句等担任宾语，构成介词短语，充当定语、状语、补语、表语等多种句子成分。许多介词（短语）具有动态倾向，常与汉语中的动词（短语）相互转译。介词的大量使用使英语的静态特征更为显著。

例1：Along a river, the car wound up a valley and through a village.

译文：小车迂回盘旋，翻越峡谷，穿过村庄，沿着小河行驶。

例2：每天仅有这么一点狗粮，想养好一只西伯利亚哈士奇，我还没有那么大的本事。

译　文：Given such a small amount of dog food each day, it is far beyond my capacity to raise a Siberian Husky.

此外，英语中的一些形容词也具有动态的内涵，需要用相应的汉语动词来表达。如表语形容词 afraid、alight、asleep、aware 常分别译为汉语动词"担心、燃烧、睡着、知道"，又如一些与动词同源的形容词 available、thankful、sympathetic、cooperative、doubtful 分别汉译为动词"胜任、感谢、同情、配合、怀疑"。

例1：The officer thanked his soldiers because they were very cooperative.

译文：士兵们非常配合，长官感谢他们。

分析：英语中的形容词也可以表达动词的意义。

例2：Chinese Women's Football Team won six matches, but it was out in the semifinals.

译文：中国女足赢了六场比赛，但在半决赛中出局了。

分析：英语的静态特征，使英语中的一些名词、介词、形容词、副词在英译汉时需要转换为汉语动词；在认识到汉语的动态性之后，我们在汉译英时，需要自觉地把动词用英语名词、介词、形容词、副词来表达。

（三）英汉语言的主语与主题

英语是注重主语表达的语言，而汉语是注重话题表达的语言。英语句子结构是语法的，强调句子形式的完整性和表达的逻辑性；而汉语句子结构是语义的，注重的是内容表达的准确性和意境。那么，在汉译英的过程中，应该仔细体会汉语句子的完整意义，再将其基本概念转化为相应的英语基本句型，并找到其关键的主语和谓语动词。

例1：我进入大学，转眼已经3年了。

译文：Three years have slipped by since I entered the university.

分析：汉语原文第一句是话题，第二句是说明。汉语句子的主要意思是第二句，译为主句，第二句相应译为时间状语从句。英译时，其主要结构是SVA。

例2：他看着天空，脸上的表情十分空洞。

译文：He stared into the sky with a vacant expression on his face.

分析：汉语原文第一句是话题，第二句是说明。汉语句子的主要意思是第一句，译为主句，第二句相应译为状语。英译时，其主要结构是SVA。

例3：她有两个哥哥，他们都是医生。

译文：She has two brothers, who are both doctors.

分析：汉语原文第一句是话题，第二句是说明。汉语句子的主要意思是第一句，译为主句，第二句相应译为定语从句，作为附加说明。英译时，分析其主要结构是SVO。

例4：他的父母都很开明，给予他很多自由。

译文：His parents are very liberal and allow him a lot of freedom.

分析：汉语原文第一句是话题，第二句是说明，英译为并列句。前句是SVP，后句是SVOO。

（四）英汉语言的措辞方式

受具象思维的影响，汉语措辞具体，用词形象，叙述直接，含义明确。而英语由于受到抽象思维的熏陶，倾向于大量使用抽象名词和介词表达复杂的思想和微妙的情绪，往往表现出"虚""泛""暗""曲"的意韵。

1. 汉语措辞

（1）用词倾向于具体。

例：在一辆拥挤的公共汽车上，一位男士拒绝给一位带孩子的女士让座，并对她恶语相加，侮辱了她的女性人格。舞会上，一位男士邀请一位年轻女子跳舞，却遭到拒绝，他感到自己的男子汉尊严受到伤害。

In a crowded bus, a man refused to give his seat to a lady with children, and threw curses upon her, insulting her womanhood. In a ball, a man invited a young lady to dance but was rejected, so he felt that she had insulted his manhood.

分析："女性人格"和"男子汉尊严"分别译为 womanhood 和 manhood。可以看出，汉语用词具体，易于读者理解；而英语倾向于使用含义抽象的字眼。

（2）用词比较形象。

例：他们的生活远不止一时的柴米油盐，他们需要承担责任，面对经济上的困境，还要作出道德上的抉择。

There is more to their life than transient everydayness; they have duties to undertake, economic crisis to face and moral decisions to make.

分析："柴米油盐"是汉语的一种习惯表达，以具体代抽象，以实指虚，很形象地表示日常生活中的琐事。翻译为英语时，选取抽象概括的名词 everydayness 来表示。

（3）大量使用动词，少用抽象名词。

例：他说这几句话时，显得大为不满甚至愤愤不平，我听了相当郁闷。

译 文：There was an air of dissatisfaction, even grievance about his utterance of these words, which rather depressed me.

分析：汉语中常用动词的地方，英语常用抽象名词。因此，此句中动词"说"，英译时转换成抽象名词 utterance。此外，动词"显得""大为不满"和"愤愤不平"也转译为抽象名词 air、dissatisfaction 和 grievance。

（4）大量使用量词。

汉语的具象思维风格还表现为丰富多彩的量词，不论是具体还是抽象的事物，都可以通过量词形象地表达出来。例如：一棵树、一朵云、一座山、一条河、一辆车、一寸相思一寸灰等。而英语中恰恰没有量词,充分说明具象思维不是英语的侧重点。

2. 英语措辞特点

(1) 大量使用抽象名词。

英语里的动词和形容词加上前缀,如 trans-、inter-、pre-、pro- 等;加上后缀 -ment、-tion、-ism、-ness、-ence、-ship、-hood 等,就转变为抽象名词。原本用动词或形容词或句子表达的概念,均可改用抽象名词来表达。

例:"Say, a good fellow, if you want a phrase," returned Herbert, smiling, and clapping his hand on the back of mine, "a good fellow, with impetuosity and hesitation, boldness and diffidence, action and dreaming, curiously mixed in Him."

译文:赫尔伯特在我背上拍了一下,笑着说:"如果你要个现成的名称,我就叫你好家伙,你这个好家伙——说你急躁吧,你又犹疑;说你大胆吧,你又腼腆;说你不尚空谈吧,你偏又耽于梦想;总之,矛盾百出,稀奇少有。"

分析:本句中有大量的抽象名词,由形容词和动词转变而来,都可以进行转译,impetuosity 转译为形容词 impetuous "急躁",hesitation 转译为形容词 hesitant "犹疑",boldness 转译为形容词 bold "大胆",diffidence 转译为形容词 diffident "腼腆",action 转译为动词短语 "不尚空谈",dreaming 译为动词短语 "耽于梦想"。

(2) 使用丰富的介词。

介词属于表达虚幻意义的虚词,除了可以构成各种短语,还为多个抽象名词结构的连续使用提供帮助。

例:He appealed for the end of discrimination, injustice and oppression; he called for the overthrow of the government which was responsible for these evils.

译文:他呼吁消除歧视、不公和压迫,他号召推翻那个造成这一切罪恶的政府。

分析:三个 for 分别构成三个动词短语,两个 of 都起到连接抽象名词的作用。由此例可以看出介词在英语中的重要性。

(五)英汉语言的衔接手段

衔接(cohesion)指的是语篇中某一成分与另一成分之间的关系。语言学家韩礼德和哈桑(Halliday & Hasan)把英语的衔接手段分为五种:照应、替代、省略、连接和词汇衔接。

照应(reference)分为人称照应(he, she, they, it)和指示照应(this, that, these, those)。

替代(substitution)是用同义词、近义词、代词等取代名词,谓之名词性替代;或者用动词代替动词甚至整个句子,即动词性替代。前者如:The table is broken, so we need to buy a new one. 后者如:I thought he would not come, but he did.

省略(ellipsis)是为了避免重复。I cannot give up. I never have, and never will.

连接(conjunction)是指用连词、连接副词来表达上下文之间的时间、空间、原因、结果、转折、对照等逻辑关系。

词汇衔接(lexical cohesion)主要是指原词复现、同近义词复现、上下义词复现和概括词复现等。

英语和汉语在衔接方式上有较大区别。英语以语法为中心,偏重采用连接词等语法外显手段,多用照应和替代;汉语以语义为中心,依靠内容层次、上下文语境来衔接,偏重词汇逻辑等语义内聚手段,常用省略和原词复现。[①] 请对比观察以下两例:

例1:钱钟书,生于1910年,江苏无锡人,现代文学研究家、作家。周岁"抓周"时抓得一本书,故取名"钟书"。十九岁被清华大学破格录取。1935年,赴英国留学,两年以后,以《十七十八世纪英国文学中的中国》一文获副博士学位。1938年,被清华大学破例聘为教授。1941年,珍珠港事件爆发,被困上海,任教于震旦女子文理学校,其间完成了《谈艺录》《写在人生边上》。抗战结束后,相继出版作品集《人兽鬼》、小说《围城》、诗论《谈艺录》,在学术界引起巨

---

① 涂靖. 大学英语翻译教程[M]. 上海:上海交通大学出版社,2016:26.

大反响。中华人民共和国成立后,先后参与《唐诗选》《中国文学史》的编写工作。1979年,出版《管锥编》《旧文四篇》。1982年起担任中国社科院副院长、院特邀顾问。1998年12月19日,在北京逝世,享年88岁。

例2: Mark Twain was born of a Virginian family in Florida, Missouri on November 30, 1835. He was brought up in Hannibal, Missouri. After his father^ death in 1847, he was apprenticed to a printer and wrote for his brother^ newspaper. He later worked as a licensed Mississippi river-boat pilot. The Civil War put an end to the steamboat traffic and Twain moved to Virginia City, where he edited the Territorial Enterprise. In 1864 Twain left for California, and worked in San Francisco as a reporter. He visited Hawaii as a correspondent for The Sacramento Union, publishing letters on his trip and giving lectures. He set out on a world tour, traveling in France and Italy. His experiences were recorded in 1869 in The Innocents Abroad, which gained him wide popularity.

分析:汉语是注重主题的语言,常常通过一个主题聚拢数个句子,形成主题串。句子里的主题词常被省略,句子之间的连接词也经常被略去。例1除了第一句,均省略主语,而且整个段落不使用任何连接词。虽然没有外显的人称代词照应,但是并不影响段内各句之间的衔接,因为这几句的主题都是"钱钟书",构成了一个话题串。而英语是主语突出的语言,造句离不开主语,即使整个段落都是谈论同一主题,句子内部的主语也不能省略,而且需要依靠主语代词的照应,来实现句子之间的衔接和连贯。例2各句主语he通过人称照应的方式衔接各句。

汉语倾向于使用词语的重复、句子的排比来达成语篇的衔接和连贯,然而,并不是说英语不使用词语的重复和句子的排比实现衔接。出于强调的目的,英语也会采用这两种方法。但是,由于汉语造句不必遵循严格的主—谓—宾这种语法结构,句子之间很难通过语法照应、替代等英语常用的手段来实现衔接。因此,通过重复使用词语和句子就成为必然。再看下例:

例3: Efforts on the part of the developed nations are certainly required. Sb is reordering of priorities to lay emphasis on environmental protection and sustainable development.

译文:发达国家做出努力是必需的。调整重点,重视环境保护和可持续性发展也是必须的。

  分析：英语可以用代词 so 来替代 certainly required，衔接本例两句。但是汉语没有类似的替代形式，只能通过重复"是必须的"来连接这两个句子。

  通过以上三例分析，我们不难发现：英语通过连接词、替代、和照应等外显手段来达成衔接的情况要多于汉语，而汉语在词语的重复、省略或零指称的运用和主题省略等方面则高于英语。虽然两者在运用具体的语言衔接方式这一微观层面上侧重点不同，但是它们在组织语篇发展结构、达成连贯这一宏观面上，却有较大的相似性。无论英语还是汉语，都会按内容重要的程度谋篇，或按时间顺序、空间位置来布局，或按逻辑关系行文，或按事物的分类展开论述。两种语言在语篇内部的衔接这一点上，既依靠显性的语言手段，也依靠隐性的内容发展结构。这种结构之所以类似，是因为它与人的思维是一致的，而英汉思维是存在相通之处的。总之，了解英汉各自侧重的衔接手段，有助于我们顺利地进行二者的互译。

第四节 英汉语言的文化差异与翻译

  英语拥有丰富的词汇，但在英汉互译中仍无法做到完全对等，相互无对应词或语义不对应的现象时有发生。加上文化差异的影响，翻译中词汇和语义空缺经常出现。

一、翻译中的词汇空缺

  每一种语言都有其语音、语法和词汇系统，都有独特的概念和思想。语言之间虽然存在共性，但不同的语言各具特性。其特性表现在词汇上便会造成概念表达上的不对应，在语言交际中则会出现词汇空缺。

  中国历经几千年的封建社会，形成了独特而严密的封建宗法关系、男女有别、长幼有序、血缘关系的远近疏密分明。相比之下，西方的宗法关系远不及中国那么严密，家庭结构也较松散。两种文化在亲属称谓上的不同就是佐证，在跨文化交际中，对于此类宗法关系的差异应予以足够的重视。

汉语中兄弟有别，英语中都用"brother"；汉语中姐妹不同，英语中姊妹无异，均用"sister"表示；汉语中"伯父""叔父""舅父""姑父""姨夫"等称谓之间身份各异、关系明确，而英语中凡表示长一辈的男性均用"uncle"一词；同样汉语中"岳父""岳母"与"父母"，"祖父""祖母"与"外祖父""外祖母"，"孙子""孙女"与"外孙""外孙女"之间的词在英语中也不加区别。

同汉语相比，英语的词汇在表达亲属称谓方面就出现了"词汇空缺"。汉语中一字或一词所能表达的概念，英语就必须加上解释性的语言。如前文所提到的"嫂子"，译成英语时就需加"in law"，成为"sister-in-law"，其实"sister-in-law"，也远不能确切地表达汉语中"嫂子"之意。因为在英语中，除了"嫂子"之意外，"sister-in-law"尚有"小姑子""小姨子""弟媳""她姓"等意。确切地说，英语中无"嫂子"的对应词，如果译成"elder brother's wife"，也只能是一种解释。

在中英两种语言中还存在大量概念意义对等，而文化意义不同或互为缺项的词语，如汉语中"鹤""雁"等词语的文化内涵在英语中是缺项。杜鹃在汉语中是鸟，也是一种花。作为鸟，"杜鹃"一词在汉语中文化意蕴极深，可喻指"乡愁"与"悲切"，而杜鹃的英文对应词是"cuckoo"，该词在英语中可引申为"拆散他人骨肉的人"；作为花，杜鹃可象征"春天"，其相对应的英语是"azalea"，但不管是"cuckoo"，还是"azalea"，均无与汉语对应的文化意义。由此可见，汉语中的"杜鹃"与英语中的"cuckoo"两者的文化内涵互为缺项。

对于"词汇空缺"所造成的文化冲突应细心揣摩，通过变换角度的变通手法化解矛盾。译者转换角度，将言者的意图和性格传达给读者。变换角度是译者的成功之处，也是翻译中解决"词汇空缺"这类文化冲突现象的变通手段。

二、翻译中的语义空缺

语言是各民族精神的外在表现，各民族的语言就是他们的精神，各民族的精神也就是他们的语言。不同的民族有不同的思维模式和道德观念，因此会造成语义的空缺，在翻译中应遵循语义优先的原则。例如色彩这种文化共有现象，在中英文化中有些色彩会有不同的含义。"红"在中国文化中是吉祥、喜庆、热情的颜色，但在英语中，"红"并无此意。

一词多义是人类话语的一种根本属性，同一个字词，出自不同的言语者、不同的言语场合或不同的语言环境，均可能产生不同的含义。翻译时，弥合此类语义空缺的关键是把握词语在语言交际中所获得的实际语境意义。

如"醋"在两种不同的语义环境中的内涵不同。汉语中的"醋意"等词语均表示"男女关系上的嫉妒心理"，而英文中的"vinegar"却根本没有这层含义。再如，汉语"鹤"的文化内涵表示"长寿"，与其他词搭配可以组成很多喻指"长寿"的成语、典故等，但这层文化含义对其英语对应词"crane"来说没有此意。汉语中蕴涵中国文化的"松""竹""梅""龟"等和英语中的"palm""mushroom""turtle"等词的翻译，有时要直译，有时要意译，有时需要更灵活的变通手段才能传达意义。

民族色彩是一个民族有别于其他民族的独特的文化传统、宗教习俗和性格心理。英语中有大量的古希腊罗马神话及《圣经》语汇，有不少词汇在汉语中是缺项的。中华民族是典型的大陆农耕文化，这一文化系统的汉语中同样也有许多词汇在英语中是缺项的，有时则会导致欠额或超额翻译。借词和借译不仅可以完整地保留源语的民族色彩，避免文化信息的流失，而且可以丰富译入语的词汇，增强语言的活力。

因此，在语言交际中，对应词之间的语义空缺只能由词语的语境意义去填补。语境意义既受语言因素的影响，也受言语因素的制约，与客观世界的具体事实相对应，同使用语言的人的个人背景相关。译者只有通盘考虑上述诸因素，才能恰到好处地弥合翻译中遇到的词汇空缺和语义空缺。

三、翻译中的文化自恋

人类习惯上总是以自我作为判断的标准，在任何认识活动中，都必须有认识主体参加，所以自我就成了一种尺度与标准。文化也不例外，生活在一种文化中的人会以这种文化的是非观来判断事物。这说明人类都认为自己的文化才是最先进的，这就是文化中心主义，实际上就是文化自恋。

在翻译文学作品时，Even-Zohar认为当译入语文化强势，翻译处于次要时，译者只能屈从系统里一些原有的准则，在译入语文化中寻求已有的模式，甚至要修改放弃原著的内容和形式。相反地，当译入语文化弱势，翻译处于主要地位时，译者会将原作的元素带到译语文化系统里。

翻译是源语（source language）与目的语（target language）之间的信息转换与交流活动，既是语言转换的过程，也是文化的移植和传播过程。翻译中如何处理源语承载的文化现象，尤其是源语民族特有的文化现象一直是译界关注的问题。1995年美国著名翻译家韦努蒂在《译者的隐身》一书中提出，在文学翻译中，译者可采用两种不同的翻译策略——归化和异化。按照其说法，异化法强调译文应如实传递原作的信息内容，而归化法强调译文与原作对等的表现力。可见，异化具有源语文化取向，而归化则具有译语文化取向。

第五章　多元文化中的英汉翻译

第一节　地域文化与翻译

地域文化是指由所处地域、自然条件和地理环境形成的文化，表现在不同民族对同一现象和事物采用不同的言语形式来表达，不同民族在比喻、审美情趣和对同一事物的认识上存在着差异。

一、方位文化与翻译

方位即方向。东、西、南、北为基本方位。汉英两种语言中都有相对应的词表达这四个基本方位：东（east）、西（west）、南（south）和北（north）。然而，由于汉英民族所处的地理位置不同，对方位的认识及词语表达存在一定的差异。

在中国文化中，自古就有"南面为王，北面为朝""南为尊，北为卑"的传统：皇帝的龙椅面向南摆放；"天下衙门朝南开"；老百姓盖房也是坐北向南。因此，汉语中表达方位"南"为先。人常说"南来北往，从南到北"。而英语文化则相反，英美人表达方位"北"为先。由此可见，方位词不仅仅是地理概念，它们与民族文化、宗教思想、风俗习惯密切相关，更是一种文化现象。

汉英两种语言中东、西方位的表达是一致的。例如：从东到西可直译为 from east to west。但一些东、西方位构成的词语有一定的文化含义。例如："东床"若直译成 east bed 就会使人笑掉大牙。"东床"源自典故。晋代太尉郗鉴派一位门客到王导家选女婿。门客回来说："王家的年轻人都好，但是听到有人去选女婿，都拘谨起来，只有一位在东边床上敞开衣襟吃饭的，好像没有听到似的。"

郗鉴说:"这正是一位好女婿。"这个人就是王羲之。于是把女儿嫁给他。(《晋书·王羲之传》)后来人们便称女婿为"东床",其正确英译为 son-in-law 或 husband。类似的词语如:

东窗事发 the plot has come to light ; the secret is out

东奔西走 run around here and there ; bustle about

东山再起 stage a comeback

二、著名景点文化与翻译

游览名山大川、观光名胜古迹是反映一国文化的载体之一。旅游中景点的介绍和翻译是涉外旅游的关键性工作,而旅游景点资料的翻译、景点名称的翻译是首要环节。

旅游景点名称的翻译实际是地名翻译的重要内容。这些名称大多用词古雅、风格独特、音韵优美、寓意深刻;有的出自历史典故,有的源于神话传说;有的富于诗情画意,有的饱含人生哲理。因此翻译这类名称时不能简单采用音译法。

旅游景点名称,由专名和通名两部分组成。专名是景点地名的实体部分,通名则表示景点的类别。在通常情况下景点可分为自然景观景点和人文景观景点两类,每类通名所使用的字互不相同,均具有明显的类别特征。如昆明湖,昆明为专名,湖为通名;虎丘塔,虎丘为专名,塔为通名,旅游者一听或一看便知道前者为自然景观,后者为人文景观。

自然景观的景点名称通常由专名加表示景点实体地貌特征的通名组成。人文景观是特定时期历史活动中具有代表性的见证物,其景点名称也是由专名和通名构成,专名反映景观主体,通名表示景观的类别。此类通名常与建筑物有关,如宫、殿、堂、亭、台、楼、阁、榭、塔、馆、府、桥、坊、园、庙、寺、庵、陵、墓等。景点通名的翻译,既要明确表示景点的类别,又要确切反映自然景点的地貌特征或人文景点的实体情况。

翻译旅游景点名称时必须持严肃谨慎的科学态度,需要特别注意的是由于这些名称源远流长,或经历代文人墨客想象夸张,再加上某些汉字词义的宽泛,指称意义的笼统,有些通名所反映的景点特征与实体不符,翻译时同一个汉字所表示的通名在英译时常需要根据景点实际情况或所含寓意译为英语的不同词语，以免造成名不符实的情况。

第二节　人名文化与翻译

人名在语言学上统称为专名，即专有名称，指某一事物（人、地方、机关、团体等）特有的名称。姓名是每个社会成员都有的特定指称。作为一种符号，它代表个人及其家族，具有识别社会成员的作用。不论在中国还是在西方国家，姓名的形成、发展、演变经过了一个漫长的历史过程，构成了人类文化的一项重要内容。

一、姓氏文化与翻译

到目前为止，中国和西方国家使用的姓有多少，都没有精确的统计数字。据近年出版的《中国姓氏记编》其收集姓氏5730个，其中单姓3470个，双字复姓2085个，三字复姓163个，四字复姓9个，五字复姓3个。然而，与西方姓氏的数量相比，中国姓氏的数量是小巫见大巫。据不完全统计，法国有25万个姓氏。英美国家大约有35000个姓氏。[1]

有名有姓是中西方人名的共有特征，但在姓名结构顺序上，却正好相反。我国汉族人名的排列顺序是：姓前名后，如白居易、王安石等。朝鲜、越南、泰国、日本等国家的人名排列顺序也都是这种姓前名后结构。而西方印欧语系的大多数国家和民族人名的排序原则是：名前姓后，如 Karl Marx（卡尔·马克思），Karl 是名，Marx 是姓；Lewis Henry Morgan（刘易斯·亨利·摩根），Lewis 是名，Henry 是中间名，Morgan 是姓。

经研究，造成中西方姓名结构顺序差异的原因有两个方面[2]：

---

[1]　白靖宇著，《文化与翻译（修订版）》，中国社会科学出版社，2010，161。
[2]　白靖宇著，《文化与翻译（修订版）》，中国社会科学出版社，2010，160–161。

首先，从姓名的历史形成来看，中西方人的姓与名产生的时间先后不同。在中国，姓氏的功能是用以续血统，别婚姻。"姓"字从女，可见姓制度产生于母系氏族社会。姓即子女从母姓，现在我们仍可见到许多古姓，如姬、姜、妊等。然而，中国人的"名"产生较晚，夏、商才开始使用，如甲骨文和金文中所记太丁、阳甲、盘庚、帝乙等皆是。因此，中国人姓名的演变经过先有姓，后有名的历史过程，反映到姓名的排列顺序上便形成了"姓前名后"的结构。在西方，名的产生比姓早得多。欧洲大多数国家在很长的历史时期只有名而无姓。英国人大多在11世纪开始在贵族中使用姓，全国普遍使用姓是在文艺复兴时期以后。法国人和德国人使用姓是从13世纪后开始的。俄罗斯人的姓在16世纪才出现。西方这种"名早姓晚"的特点反映到姓名的排列顺序上便是"名前姓后"。

其次，中西方人的价值观念不同。中国古代是一个宗法社会，中国先民形成了很强的宗族观念。中国人认为姓代表宗族和血缘关系，而名则代表个人。在中国传统观念中，宗族的延续可以说高于一切。所以，代表宗族的姓比一个人的名字重要得多。姓在前、名在后正是这种重群体、轻个体传统文化在姓名排序上的体现。然而，西方人相反，他们没有中国人那种重群体的文化心理。他们崇尚个性，强调个人独立，个性受到重视。这样，代表个人的名理应在先，而代表群体的姓就自然置于其后。

二、取名文化与翻译

中国人取名的基本原则是：形美、音美和义美三大原则。所谓形美，即选择字形匀称、笔画繁简适度的字，太简则可能被人认为家庭文化程度低，太繁则不易辨认和书写，给日后交际带来一定困难；所谓音美，即选择发音响亮清晰、易于上口的字，如"强、昌、良、华"和"红、兰、芳、花"等；所谓义美，即选择内涵丰富、寓意高雅、吉祥如意的字，如"发、祥、嘉、财、玉、宝"等。由于取名者的审美观念不同和时代风尚的变迁，选字的标准也必然因人而异，有人爱用冷僻的古字，以显示所选名字的高雅独特或超凡脱俗、与众不同，也有人喜欢用通俗的字，以表示喜爱亲昵之情，更有"贱而长寿"或"以邪压邪"之意。

英美人取名方式有：

（1）以宗教取名。我们常见的英语人名，如 Diana（黛安娜，为"月亮女神"）；Athena（阿西娜，为"智慧女神"）；Eliot（艾略特，为"上帝的礼物"）；Helen（海伦，为"美丽女神"）等。①

（2）以标志勇敢或出人头地思想的事物取名。例如：Boris（鲍里斯，为"勇士"）；William（威廉，为"强大的捍卫者"）；Richard（理查德，为"统治有力"）；Harold（哈罗德，为"统帅"）；Abraham（亚伯拉罕，为"万民之父"）等。

（3）以职业取名。例如：Mason（梅森，为"石匠"）；Durward（德沃德，为"守门人"）；Penelope（佩内洛普，为"织女"）等。此外，还有以外貌特征、以动植物名称、以货币取名等。

第三节 习语文化与翻译

习语，即习惯用语（the idiomatic phrases）。习语涵盖的范围很广，通常包括交际语（Communicative language）、成语（set phrases）、谚语（proverbs）、格言（sayings）、俗语（colloquialism）、俚语（slangs）和歇后语（enigmatic fblk similes）等。它是语言中经过长期使用而提炼出来的固定词组、短语或短句。习语一般具有结构严谨、形式简练、寓意深刻、形象鲜明、表达生动的特点，易懂易记，因而为人们所喜闻乐见。

以交际语为例，交际语的文化意蕴主要体现在见面交流的方式、社会称呼等方面。其中，社会称呼是一定社会礼制的重要表现，它受社会制度与伦理习俗的制约与规定。中国历史上是一个封建宗法制社会，是礼仪之邦，而西方则是个自由民主制和基督教神学发达的社会。这两种不同的社会制度和伦理体系造就了各自不同的社会称呼和表达方式。同亲属称呼相类似，中国的社会称呼繁杂，等

---

① 霍彦京. 英语人名的文化特征及翻译策略 [J]. 白城师范学院学报，2018，32（03）：58-61.

级性强；西方的社会称呼比较简单，等级性较弱。虽然现在中国的社会制度发生了变化，但社会称呼中仍有旧习惯的遗痕，仍与西方的社会称呼之间存在有较大差异。

一、我国的社会称呼与翻译

（一）拟亲属称呼

我国在称呼方面有一种历代承传、相沿已久的习俗，即彼此之间没有亲属关系的人广泛使用表示亲属关系的称谓来互相称呼或自称。这种称呼法具有模拟的性质，这种改变了原来用法的称呼可称为拟亲属称呼。

从社会心理学角度分析，使用拟亲属称呼是一种"趋近"心理，能够使交往双方缩小心理间隔，密切相互关系，被称呼者感受到尊重、喜爱和礼遇。下面简略介绍一下拟亲属称呼的方式及翻译。

1. 拟长辈称呼

亲属关系中父母是最亲近的。所以，人们通常把与自己父母年龄相近的长辈称呼"大伯、大妈（大娘、伯母）"和"大叔、大婶"。小孩称父辈男子为"伯伯"或"叔叔"，大多数情况称"叔叔"，把父辈女子包括保育员、保姆等称为"阿姨"。在这些称呼中，核心词是亲属称谓词：伯、叔、妈、娘、母、婶、姨。这里翻译的困难是显然易见的，如"王大叔"译成"Uncle Wang"，英美人很难区分说话人与王之间的关系，因为在西方文化中，非亲属关系之间一般称姓名，或先生、夫人（女士）。可见，"王大叔"应按西方称呼习惯译为 Mr.Wang。其他拟亲属称谓照此类推。

2. 拟同辈兄弟姐妹相称

亲属中以同胞手足、兄弟姐妹之交显得最为亲密，故非亲非故的人们之间发展相互关系，增进友谊，自然会借用兄弟姐妹这种亲属关系。通常情况下，对同辈成年男子可分别称"大哥、老兄"和"兄弟、老弟"，现不论长幼流行统称"大哥、老兄"。对于同辈成年女子可分别称"姐姐、大嫂"和"妹妹、小妹"。另外，"哥儿们"和"姐儿们"是近几年来在城市男女青年群体开始流行的一种新的拟亲属称呼。

（二）敬称和谦称

在社会交往中，人们喜欢用恭敬口吻称呼人和事，用谦恭口吻称呼自己和与自己有关的事物。这两种称呼，前者为敬称，后者为谦称。在中国，封建君主专制长达数千年，儒家尊卑有序的礼制，在人际交往中一直占主导地位。于是便形成了一种习俗，用敬称故意抬高对方，以表示尊敬；用谦称有意贬低自己，表现出一种甘居人下的谦恭精神。

敬称和谦称常见于各种典籍中，现代仍有使用，主要有下列几种。

1. 敬称对方亲属和谦称自己亲属

（1）敬称对方父亲：尊公、尊君、尊侯、尊大人、令尊、令翁

谦称自己父亲：家父

译成英语为：your father、my father

（2）敬称对方母亲：尊堂、尊上；令母、令堂、令慈

谦称自己母亲：家母

译成英语为：your mother＞my mother

（3）敬称对方妻子：令妻、令正、贤阁、贤内助、夫人、太太

谦称自己妻子：贱内、内人、爱人、妻子

（4）敬称对方兄弟姐妹：尊兄、尊姐；令兄、令弟、令妹

谦称自己兄弟姐妹：家兄

译成英语为：your brother（sister）＞my elder brother

（5）敬称对方儿子，女儿：令子、令郎、令嗣；令爱、令媛

译成英语为：your son＞your daughter

（6）敬称对方孙子，孙女：令孙（女）

译成英语为：your grandson＞your granddaughter

（7）贤：主要用于同辈或晚辈（叔父母以外）堂、表兄妹：贤弟、贤兄、贤姐、贤妹、贤从（对方从兄弟）

译成英语为：cousin

（8）长对幼称呼：贤弟、贤侄、贤婿等

译成英语分别为：younger brother、nephew＞son-in-law

（9）贵：主要用作称呼与对方有关的事物

贵姓 May I ask your name？

贵国（政府）your country（government）

贵校 your school（谦称鄙校 my school）

2. 以对方职务身份敬称

古代时常以官位敬称人：

（1）皇帝：天子、人君、人主、君王、宫家、大家等

译成英语为：emperor

（2）宰相：君侯、丞相、相公、中堂

译成英语为：prime minister

（3）将帅：主帅、主将、大将军

译成英语为：commander-in-chief

现代社会中也常用领导职务称呼某人，如赵校长（President Zhao）、王处长（Section Chief Wang）、程省长（Governor Cheng）、钟大使（Ambassador Zhong）、夏主任（Director Xia）等。

现代社会也常以其职称相称，以示敬意，通常姓氏＋职称，如白大夫（Doctor Bai）、马教授（Professor Ma）、王法官（Judge Wang）、任律师（Lawyer Ren）、王博士（Dr.Wang）、成师傅（Master Cheng）、冯小姐（Miss Feng）、刘太太（Mrs. Liu 或 Madam Liu）等。

在与他人交往中，人们往往以自称姓名为谦，或以不德或晚辈自谦，常用的词语有：敝、贱、不才、鄙人、愚、下愚、晚生、后学等，译成英语一律用 I。

二、西方的社会称呼与翻译

与汉语称呼中繁杂的敬称相比，英语称呼中尊（敬）称的方式比较简单，主要有下列几种。

（一）对王公贵族的尊称

（1）国王：Your Majesty（对称），His or Her Majesty（叙称）。

译成汉语为：陛下。

（2）王后：Madam。

译成汉语为：殿下称母亲，国王称御妻，大臣称娘娘。

（3）王子、公主：Your Highness（对称），His or Her Highness（叙称）。

译成汉语为：殿下。

（4）阁下、侯、伯、子、男爵等贵族或高级官员：the lords.

译成汉语为：阁下。

（二）对男子的尊称

（1）Sir+姓名或职务，汉语为：先生。例如：Sir Smith（史密斯先生）、Sir Judge（法官先生）。

英美人通常对不相识男子、上级、长辈或对从事某一职务者的尊称。

（2）Sir（爵士）用在姓名或名字前面，但不可用在姓前，如 Sir John White 约翰·怀特爵士（也可称 Sir J.White, Sir John）

（三）以社会职务为尊称

（1）Doctor+姓名，汉语为：医生，大夫。例如：Doctor Jim 吉姆大夫。

（2）Professor+姓名，汉语为：某教授。例如：Professor Strong 斯特朗教授（略作 Prof. Strong）。

（3）Govemor+姓名，汉语为：地方长官（如省长），（英美殖民地）总督。例如：Governor Tone 托恩总督。

（四）对教会神职人员的尊称

（1）Father+姓，汉语为：某神父，某教士。

（2）Sister+教名，汉语为：某某修女。

（3）大主教及主教称阁下（The lord）

（五）对平级关系的尊称

（1）男性：Mister+姓，汉语为：某先生。

（2）女性：

Mrs+姓，汉语为：某夫人。

Lady+姓，汉语为：女士。

Miss+姓，汉语为：小姐。

根据婚姻状况，对已婚女子统称夫人，未婚女子统称小姐。婚姻状况不详者可称小姐。

第四节　饮食文化与翻译

受自然环境、社会条件和宗教信仰等诸多因素的影响，不同民族形成了各具特色的传统饮食习俗，这反映着一个民族的历史文化特点，既有物质文化方面，又有精神文化方面。

一、英汉菜肴文化对比与翻译技巧

（一）英汉菜肴文化对比分析

西方国家的发展以养殖和渔猎为主，种植和采集为辅。他们的饮食中更多的是肉食。到工业社会时期，食品加工行业得到快速发展和提升，西方人创造了非常多的食品工业和快餐文化。但整体来看，西方饮食文化还是受到航海民族和游牧民族文化的制约，使得他们的食品种类非常有限，工业食品也很单调，但其优势在于制作工艺简单，营养搭配较好。

1. 英汉菜类对比分析

中国自古就是农业大国，因此饮食的主要来源肯定是农业产品，主要可以分为以下几种：

（1）主食类。中国的传统主食具有非常显著的地域风格，主要表现出北方主食以馒头、面条为主，南方主食则以米饭为主。而且像一些淀粉含量高的农产品如山药、土豆和芋头等也被一些地方作为主食食用。

（2）辅食类。中国的辅食则以蔬菜为主，品种齐全，品类丰富，达600多种，这是西方国家远远比不上的。

（3）肉食类。中国古代的肉食非常之少。不过物质生活水平的提升，让寻常百姓的餐桌上也开始出现肉类。

2. 英汉烹调方式对比分析

西方国家食材较单一，烹饪时大都采取混在一起的做法。因此西方国家的烹饪方式也比较简单，烤、煎和炸是比较常见的做法。这几种方式都比较容易保留食材的营养不流失。需要注意的是，西方国家对食材的要求更多地是注重营养这一要素，很多中小学校甚至配备了非常专业的营养师，可见其对青少年的营养要求是非常高的。

中国是饮食大国，中华民族的饮食文化可谓博大精深、源远流长，技术高超、品种丰富是中国烹调方式的主要特点。整体上来看，既会从冷热、产地和生熟等角度对食材进行分类，而且包括炸、爆炒、熏制、焖煮、烘烤、白灼、炖煮等多种多样的烹饪手法。此外，中国的物产丰富，中国人的餐饮文化讲究因地制宜，就地取材，新鲜的食材，加上合适的烹饪方法，让中国的餐饮文化一直非常具有内涵，并形成了鲁菜、川菜、湘菜、苏菜、粤菜、京菜、闽菜和徽菜等八大菜系，这是中国人民智慧的结晶。

（二）中式菜肴的翻译

中国有句古话"民以食为天"。"天"者，至高之尊称，也就是说"悠悠万事，为此为大"。这是中国传统政治哲学精粹之所在。在西方，19世纪德国哲学家费尔巴哈在《贫穷操纵并取消所有法律》中说，"心中有情，首中有思，必先腹中有物"。事实正是如此。无论是东方还是西方，饮食是人们的基本需求，是一切人类文明的前提。

中式菜肴林林总总、丰富多彩，其命名方式，既有现实主义的写实手法，又有浪漫主义的写意笔调，既蕴含着丰富的历史文化背景，又充满着民俗情趣和地方风味。因此，有的菜名已不单纯是一个菜肴的名称，而是一个可引发丰富联想的艺术品名，有的菜名背后还流传着动人的传说。[1]

译者应准确形象地把中式菜肴名称译为英语，让外国友人不仅能亲口品尝到我国菜肴的独特风味，还能通过菜名了解中式菜肴的烹调艺术和文化内涵。

菜肴名称的翻译，首先应该让外国客人了解菜的原料和烹调的主要方法，其

---

[1] 陈亚红. 关于中餐的英语翻译 [J]. 网络财富，2010（12）：159.

次应反映出菜肴"色、香、味、形"的主要特点，如有可能还应简略介绍与菜肴有关的民俗风情或历史传说，文字应该简洁明了。根据中式菜肴的主要特点和菜名英译要求，一般可采用以下四种方法进行翻译：

1. 直译类

中式菜肴绝大多数是写实型菜名，通常含有原料名（主料、配料和调料）和烹调法，英译时可采用"烹调法＋加工法＋原料（主料＋配料＋调料）"的格式。如：

（1）烹调法＋主料名

熏鱼 smoked fish

蒸梭子蟹 steamed sea crabs

爆虾 quick-flied shrimps

蒸鳜鱼 steamed mandarin fish

涮羊肉 instant boiled mutton

（2）烹调法＋主料名 +with+ 配料名

炖栗子鸡 stewed chicken with chestnuts

干烧明虾 fried prawns with pepper sauce

奶油鱼肚 fried fish maw with cream sauce

冬菇菜心 fried winter mushrooms with green cabbage

蟹粉鱼肚 stewed fish maw with crab meat

（3）烹调法＋主料名 +with/in+ 调料名

红烧肉 braised pork with brown sauce

盐水虾 boiled shrimps in salt water

煎明虾 fried prawns in gravy

红烧青鱼 stewed black carp with brown sauce

清炖甲鱼 stewed turtle in clear soup

蟹肉海参 fried sea cucumbers with crab meat

（4）烹调法＋加工法＋主料名 +with/in+ 调料名

风肝鸡片 fried sliced chicken with chicken liver

茄汁牛肉片 flied sliced beef with tomato sauce

虾仁炒蘑菇 fried shelled shrimp with mushroom

肉片烧豆腐 stewed sliced pork with bean curd

洋葱牛肉丝 fried shredded beef with onion

2. 意译类

中式菜肴不仅讲究烹调艺术，其名称也讲究典雅，富于寓意，因此有些菜名根据主料和配料色或形的特点，或经烹调后菜肴的总体造型，起了个具有吉祥如意或富有艺术造型的典雅名称。对于这类菜名，只能采用意译的方法，舍形或舍音求意，将其原料和烹调方法全部照实译出。如：

炸响铃 deep-fried beancurd skin

龙凤会 stewed snake and chicken

全家福 stewed assorted meats/hotchpotch

游龙戏凤 stir-fried prawns and chicken

蚂蚁上树 bean vermicelli with spicy meat sauce

一卵孵双凤 steamed chicken in water melon

3. 直译＋意译类

还有些菜肴名称的部分术语，根据制作原料，择其"色、香、味、形、音"等特点，用表示吉祥喜庆等典雅的行话隐语来表达，这对于缺乏中国文化背景知识的外国客人来讲同样是难于理解其深刻的含义的。对这种菜名的翻译，宜采用直译与意译相结合的办法，将典雅术语所含寓意直接译出。如：

三鲜汤 soup with fish, shrimp and pork balls

炒双冬 fried saute mushrooms and bamboo shoots

冬瓜云腿 sliced Yunnan ham with white gourd

翡翠虾仁 stir-fried shelled shrimps with peas

红烧狮子头 braised minced pork balls with brown sauce

凤爪炖甲鱼 steamed turtle and chicken's feet soup

红烧四喜肉 braised brisket with brown

4. 直译 + 注释类

（1）我国地域广阔，各地民情、风俗不同，都有一些具有地方特色的名菜，其名称通常是"地名或人名 + 菜名"，翻译时可采用"直译地名或人名 + 菜名"或"菜名 +（in）…style"的格式翻译。[①] 如：

东坡肉 Dongpo braised pork

宋嫂鱼羹 Sister Song's fish potage

北京烤鸭 Beijing mast duck

西湖醋鱼 West Lake vinegar fish

镇江肴肉 fragrance pork in Zhenjiang style

宫保鸡丁 fried diced chicken in Sichuan style

（2）有些菜名，源于历史典故或民间传说，其名称本身既不反映菜肴的原料，也不反映其烹调制作的方法，若要讲清其含义，必须讲述一个故事或一段历史，作为菜名翻译则是无法解释清楚的。对于这类菜名，宜采用直译其名加解释的方法。如：

佛跳墙 Fotiaogiang（assorted meat and vegetables cooked in embers）

大救驾 Dajuyia（Shouxian County's kernel pastry）

叫花鸡 beggar's chicken（baked mud-coated chicken）

（3）药膳。药膳是中国传统饮食疗法之一，也是饮食文化的重要特色。由于药膳既有营养作用，又有防病治病、健体强身、延年益寿的功效，因此颇受国外食客的欢迎，不少宾馆的菜单中都有药膳菜谱。这些药膳菜肴名称的翻译，不仅应该译出菜肴的原料和烹调制作方法，还应该简明扼要地译出其主要药理作用，以体现药膳独特的风味和功效，同时也便于不熟悉中国饮食文化的外国食客的选择和品尝。如：

天麻炖山鸡 stewed pheasant with gastrodia（with the function of preventing dizziness and curing headache）

[①] 许鼎. 浅析中式菜肴的英语翻译问题 [J]. 英语广场（学术研究），2014（07）：49-50.

银杏子鸡丁 braised diced young chicken with gingko（with the function of strengthening liver and spleen）

杜仲腰花片 fried sliced pig's kidney with eucommia（with the function of tonic and tranquilizer）

二、英汉酒文化翻译技巧

酒文化是人们日常生活不可或缺的一个组成部分，更是构成饮食文化的一个重要部分，酒文化是世界性的，并且在各个国家所代表的内容和内涵也各有不同。

（一）英汉酒文化对比分析

1. 酒的起源对比分析

西方国家最有代表性的酒文化起源于酒神造酒说，不过关于酒神的传说也非常多。在古埃及人看来，死者的庇护神——奥里西斯就是酒神，希腊人认为狄奥尼索斯才是酒神，传说中，狄奥尼索斯是宙斯和底比斯公主塞密莉所生，并一直浪迹在希腊和小亚细亚色雷斯地区。在这个过程中，他教会了人们酿酒和种植葡萄。由此欧洲等地才出现了酒文化。总的看来，西方认为酒寓意着丰收和神造，对酒神也十分膜拜和崇敬。

中国的酒文化源远流长，酒传说的版本也非常之多，而影响比较大的主要有以下三种传说：

（1）古猿造酒说。自然界各个果实的成长都要遵循一定的自然规律，而古猿依靠采集野果生存，为了确保在非果实成熟之时也能吃到野果，它们逐渐发明了存储果实的方法。在洪荒时期，古猿就懂得将果实存储在洞穴和石缝之中。而储存时间久了，很多果实就自然发酵，变成了酒浆，这也是中国酒的诞生传说。

（2）仪狄造酒说。在古代夏禹时代，仪狄被夏禹的女人派去酿酒，最后仪狄也不负众望，造出了美味的酒，并被夏禹高度赞许。不过夏禹害怕因饮酒误事，耽误国家发展，从而戒酒，并不对仪狄进行奖励，以示决心，这个关于酒的来源记载在《吕氏春秋》《战国策》和《说文解字》中。

（3）杜康造酒说。这一说法得到了很多人的认可，因为杜康是一个真实的历史人物，在很多文献中如《战国策》《世本》《吕氏春秋》等都有记载。至于杜康是如何酿酒的却也具有两个版本，一个是说杜康是牧羊的，有一次不慎将装小米粥的竹筒遗失，等到半个月之后再找时，发现小米粥已经变成了非常香甜的琼液；还有一种说法是杜康不舍得将剩下的饭菜倒掉，都藏于桑树洞中，时间一久，树洞中就有迷人的清香味散发出来，这是由倒在洞中的剩饭剩菜发酵而来的。这也启发了杜康，至此开始进行酿酒技术的研究。

现在，很多人都认为中国的酒祖就是仪狄和杜康了。

2. 英汉酿酒原料对比分析

受不同的水质、地理环境和气候等的影响，每个地区的农产品作物的种类和质量、数量都会有所差异。中西方国家的地理位置、气候条件等因素的不同，使得两个地区所采用的酿酒原材料也有所不同。

古希腊一直被认为是西方文明的发源之地，它处于地中海东北端，三面都是海，土地面积不大，且非常贫瘠，冬季雨多，夏季炎热，这种气候是不利于农作物的种植的，但是却给葡萄的生长创造了条件，加上土地贫瘠，使得葡萄的扎根也非常深，因此这里不仅盛产葡萄，而且葡萄品质也非常高。这一优势也为西方人的葡萄酿酒创造了非常有利的条件，而且创造出了久负盛名的葡萄酒文化。葡萄可以酿葡萄酒，白兰地、香槟的酿造都以葡萄为主要原料。

黄河流域是中华文化的发源之地，这一代气候适宜，土地辽阔且肥沃，非常适合种植高粱、小麦等农作物，这里作为世界最早的农业中心之一，也有上万年的历史。这就为人们酿造粮食酒创造了条件，从而成就了中国特有的酒文化。整体上看，高粱、稻谷、粟和小麦都是主要的酿酒原料，中国的酒主要包括黄酒、白酒等。

3. 英汉饮酒文化对比分析

虽然酒属于一种物质，但是它体现出来的文化却属于精神层次，是具有中国特色文化的一个部分。中西方国家的文化理念、发展历程都具有较大的差异，这也是导致饮酒文化千差万别的重要前提条件。

西方人在品酒时比较重视身体器官的感受，所以他们对饮酒的排序基本上来自味觉感受，通常会按照先较淡再到较浓郁的顺序品酒。在聚会和宴会上，酒还会分成开胃酒、主菜佐酒、甜点酒和餐后酒等。西方人品酒时气氛会比较祥和，没有猜拳行令之类的助兴活动，而且对倒酒的量也有比较严格的规定，倒杯子容量的三分之二为宜，通常会在吃完主菜，未上甜菜之时敬酒。另外，在敬酒时要将酒杯放置在与眼睛同高的位置，并直视对方，这样才是有礼貌的敬酒行为。而被敬酒的人也不会喝完。特别需要注意的是，西方人喝酒对酒具的选择也非常讲究。一般会选择郁金香型的高脚杯倒酒，这种形状的容器有利于让酒的香气聚集在杯口，给人香醇的体验，而且也表现出了对酒的尊重之情。

中国自古以来就是礼仪之邦，在酒文化中也可见一斑，其具体有以下几个方面的体现：

（1）饮酒要有酒德。孔子在《论语·乡党》中阐述了酒德的重要性。提出虽然人的酒量各不相同，有些酒量好，有些酒量差，所以不能要求喝酒的量，而是要确保人们在喝酒之后还能保持神志清醒为宜。

（2）饮酒要讲究长幼尊卑。中国人的饮酒文化更为强调气氛的营造和情绪的高涨，所以在倒酒时会倒满，以示尊重，敬酒一方也要先喝完。而且在敬酒时还要注意顺序，主人会先敬酒，之后再由其他人来敬酒。敬酒对象也要从最为尊贵的客人起。此外，下级和晚辈要主动给上级或者长辈敬酒，并要将酒杯置于对方酒杯下方，要说吉祥的祝酒词，并要自己先干完，这样才能体现出对客人的敬重和诚意，为了调动酒桌上的气氛，主人还可以进行一些行酒令、猜拳等助酒活动。

（二）英汉酒文化翻译策略

中西方不同的酒文化为翻译带来了一定的障碍，因此译者应将音译、直译、意译及解释性翻译等多种翻译方法进行综合运用，从而将酒文化的深层含义准确传递出来，下面重点举例说明解释性翻译：

例如：

杜少卿走进去，问娘子可晓得这坛酒，娘子说不知道。遍问这些家人、婆娘，都说不知道。后来问到邵老丫，邵老丫想起来道："是有的。是老爷上任那年做了一坛酒，埋在那边第七进房子后一间小屋里，说是留着韦四太爷同吃的。这酒是二斗糯米做出来的二十斤酿，又兑了二十斤烧酒，一点水也不掺。而今埋在地下足足有九年零七月了。这酒醉得死人的，弄出来少爷不要吃！"

（吴敬梓《儒林外史》第三十一回）

Du Shao-qing went to the inner chambers to ask his wife if she knew anything about this wine, but she did not. He asked all the servants and maids, but none of them knew. Last of all, he questioned his wet-nurse Shao. "There was such a jar," she recalled. "The year that our late master became prefect he brewed a jar of wine and buried it in a small room at the back of the seventh courtyard. He said it was to be kept for Mr. Wei. The wine was made of two pecks of glutinous rice and twenty catties of fermented rice. Twenty catties of alcohol went into it too, but not a drop of water. It was buried nine years and seven months ago, so it must be strong enough now to blow your heads off. When it's dug up, don't drink it, sir!"

（杨宪益、戴乃迭译）

第五节　典故文化与翻译

典故，即"诗文里引用的古书中的故事或词句"。典故文字简洁洗练，多为词组短语，偶由短句构成。

我国汉英辞典专家对典故的释义不尽一致：梁实秋主编的《最新实用汉英辞典》将其释为"allusion（from history, old classics, etc.）"；林语堂主编的《当代汉英词典》释义为"literary reference or allusionw；吴景荣主编的《汉英词典》释为"allusion, literary quotation"，看来多数词典专家倾向于将"典故"释为英语中的"allusion"；而allusion在英语中意为"an implied or indirect reference, esp. when used in literature"（Webster's New Collegiate Dictionary）。由此可见，汉英语对典故的释义大体相同，但并非完全吻合，英语allusion注重"含蓄"和"间接"，汉语典故则强调史实和出处，但都指文学作品中引用的史料性文字。

汉英典故在产生来源、结构形式、喻体设喻和体现民族色彩等方面都有着极为相似乃至相同之处。

一、历史事件或历史故事中的典故文化翻译

在汉英民族漫长的历史发展过程中，都出现过众多著名的历史事件，流传着寓意深刻的历史故事，后人常用简洁的说法表达其内容，沿用久了也就成了典故。

如汉语成语"破釜沉舟"，语出《史记·项羽本纪》："项羽乃悉引兵渡河，皆沉船，破釜甑，烧庐舍，持三日粮，以示士卒必死，无一还心。"现用来比喻不留后路，下定决心干到底。英语中的 bum one,s boats（bridges），原指古罗马凯撒（Gaius Julius Caesar）大军乘船渡过 Rubicon 河后把渡船全部烧毁，以此向士兵表明退路已断，只有拼死一战，这与汉语中的"破釜沉舟"可以说是如出一辙。

二、神话传说中的典故文化翻译

汉英民族历史悠久，神话传说源远流长，内容丰富。神话是关于神仙或神化的古代英雄的故事，是古代人们对自然现象和社会生活的一种天真的解释和美好的向往。

我国的《山海经》《淮南子》等，保存和记录着许多古代的神话传说。如"夸父追日"的典故源自《山海经·海外北经》："夸父与日逐走，入日；渴欲得饮，饮于河渭，河渭不足，北饮大泽，未至，道渴而死"，现用此典故形容人们征服自然的坚强决心。类似的典故成语还有"女娲补天""嫦娥奔月"等。英语中的 Prometheus，说的是天神普罗米修斯（Prometheus）违抗主神宙斯（Zeus）的禁令，盗取天火，造福人类，因而被缚在高加索山崖，遭受神鹰啄咬肝脏之苦，因而成为欧洲文学中的一个神话英雄。莎士比亚的名剧《奥赛罗》中就有"Promethean heat（天上的神火）"这样的典故。

三、民间传说中的典故文化翻译

民间传说是指民间长期口头流传下来的对历史事件和历史人物的记述和评价，有的通过幻想和艺术加工，在一定程度上反映古代人的要求和愿望。

"八仙过海，各显神通"这一典故源于民间传说。八位仙人，他们各有各的本领，个个神通广大，无所不能，从一个侧面反映出古代劳动人民渴望征服自然、

驾驭自然的愿望。英语中的 leave no stone unturned 同样源于传说，相传公元447年波斯将军马多尼奥斯在希腊的普拉蒂亚兵败被杀，留下一大批财宝在军帐里。底比斯的波利克拉特斯得知情况后前去搜寻，但一无所获，德尔斐神喻示他要"翻遍所有的石头"，最后他终于找到了财宝。现借此传说告诫人们做事要想尽一切办法，办事要竭尽一切努力，这一典故现常译为汉语成语"千方百计"。

四、寓言故事中的典故文化翻译

寓言是用假托的故事或自然物以拟人的手法说明某个道理或教训的文学作品，寓言常带有讽刺或劝诫的性质，具有明理启示的作用。

如汉语中的"刻舟求剑"源自《吕氏春秋·察今》，现常用以比喻办事刻板，拘泥而不知变通。其他如"掩耳盗铃""守株待兔""画蛇添足"等也都源自寓言故事。英语中的 cherish a snake in one's bosom，源出伊索寓言中的（农夫和蛇），说的是一位农夫冬天在路上看到一条几乎被冻僵的蛇，顿起怜悯之心，随之将其抬起放在自己的胸口，过了一会儿蛇在农夫的胸口渐渐苏醒，举起头来咬了农夫致命的一口，这一典故以蛇喻指"恩将仇报的坏人"。

五、民间习俗中的典故文化翻译

社会上长期形成的风尚、礼节、习惯的总和构成了民间的风俗，它是社会文化的重要组成部分，是促进语言不断丰富发展的源泉，也是典故产生的来源之一。

如汉语中的"各人自扫门前雪，休管他人瓦上霜"，冬天大雪以后，各家各户为行走方便，各自清扫门前走道或庭院中的积雪，这本是一种正常的生活习惯，但现在却常以此喻指各自为政，只考虑自己不顾他人或集体的行为，具有明显的贬义。其他如"三天打鱼，两天晒网""看菜吃饭，量体裁衣""远亲不如近邻"等均源于民间生活习俗。英语中如 a bird of ill omen，源出古代占卜风俗，延至今日，猫头鹰、乌鸦和渡鸟仍然被视为不祥之鸟。渡鸟嗅觉灵敏，能确定远处死尸或腐尸的地点，因此渡鸟常与死亡相连；猫头鹰则往往在恶劣天气来临之前喊叫，而坏天气常给人们带来疾病或灾难，故猫头鹰被视为丧鸟、阴森鸟，西方人以此将它们比喻为"不吉利的人""带来不幸消息的人"。又如 a feather in your cap，汉译为"值得荣耀的事，荣誉"，此典源出广泛流行于美洲印第安人中的一种风俗：每杀死一个敌人就在头饰或帽子上加插一根羽毛，以此来显示战绩与荣誉。

六、民间谚语中的典故文化翻译

谚语是民间广泛流传的固定语句，用简单通俗的话语反映深刻的哲理，它们大都取材于历史事件或人生经历，是社会生活经验和教训的总结。

汉语中"三个臭皮匠，赛过诸葛亮"，《三国演义》中的诸葛亮足智多谋、神机妙算，是民间公认的智慧人物，皮匠乃平凡常人，但众多常人的智慧能超过非凡的伟人，说明人多主意多，此谚语寓意深刻，富有哲理。其他如"三百六十行，行行出状元""天下无难事，只怕有心人""只要功夫深，铁杵磨成针""不怕不识货，只怕货比货"等也都源于民间谚语。英语中如 birds of a feather 即出自谚语 Birds of a feather flock together，其意为"物以类聚，人以群分"，转义为"一丘之貉"；又如 a black sheep 即出自谚语 here is a black sheep in every flock，其意为"家家有个丑儿"，转义为"害群之马"。

七、动植物名称中的典故文化翻译

自古以来人类与动植物相栖共息，动植物是人类生存和发展的物质基础，人类的生活须臾离不开动植物的存在，因此汉、英语中都有不少典故源于动植物的名称。

汉语中源于动物的典故很多，如出自《太平御览》的"虎踞龙蟠"、宋苏轼《表忠观碑》的"龙飞凤舞"和清龚自珍《己亥杂诗·过镇江》的"万马齐喑"等。源出植物名的典故，如语出唐王维《相思》诗的"红豆相思"清李汝珍《镜花缘》的"花香鸟语"和晋朝《晋书·符坚载记》中的"草木皆兵"等。

英语中出自动物名称的典故也很多，如我国读者熟悉的 shed crocodile tears，在西方传说中，鳄鱼在吃人畜时，一边吃着，一边掉着眼泪，喻指坏人假装同情被害者，类似于汉语中的"猫哭老鼠假慈悲"；源于植物名的典故如 the apple of discoed，传说厄里斯女神因未被邀请去参加 Thetis 和 Peleus 的婚礼，由此怀恨在心，便把一只金苹果扔在参加婚礼的众神中间。特洛伊王子帕里斯把它给了女神中最漂亮的维纳斯，后来导致了古希腊人和特洛伊人之间的战争，现常以此比喻"动乱的根源，争斗的原因"。

八、人名地名中的典故文化翻译

汉、英语中出自人名或地名的典故为数不少。汉语中有"项庄舞剑，意在沛公"，项庄为项羽手下的一名武将，沛公指刘邦。项庄席间舞剑，意在刺杀刘邦，比喻居心叵测，另有企图；其他如"司马昭之心，路人皆知""说曹操，曹操到""情人眼里出西施"等。出于地名的典故有"巫山云雨""不到长城非好汉""东山再起""邯郸学步""庐山真面目"等。

英语中如 be in Burke，其汉译为"出身名门或贵族门第"，此典源于《贵族人名录》的编纂者爱尔兰人约翰·伯克（John Burke）之名，该人名录自 1826 年以来一直被公认为研究英国贵族阶级及其家谱的权威著作，故凡列入伯克氏贵族人名录者即为贵族出身。英语中出自地名的成语以 carry the coals to Newcastle 最为典型，Newcastle 本为英国产煤中心地，运煤到那里去纯属多此一举。

第六章　英语翻译中跨文化视角转换及翻译技巧

第一节　跨文化的非语言交际理论

一、交际与非语言交际概述
（一）交际
1. 交际的内涵阐释

交际（communication）一词，来自拉丁语 commonis，commonis 表示 common 的意思。交际这一概念与"共同"密切相关，即"共同"和"共享"是交际的前提。只有来自同一文化的人们在很多方面才能实现共享，才能进行有效的交际。可见，交际与文化是密不可分的，交际是文化的一部分。文化就是一系列我们要学习和共享的代码，学习和共享文化的过程需要交际。

每一种文化对交际都有不同的理解，对交际的不同定义反映了不同文化价值观。从古至今，许多学者都对交际提出了自己的看法，交际的定义基本上可以分为两个流派，一个是"说服"派，认为交际是传送者传递信息以影响接收者行为的过程；另一个是"共享"派，认为交际是信息共享的过程，即将少数人享有的信息化为多数人共有的信息的过程。

在中文和英文中，交际都有相应的词汇和解释。中文的"交际"自古有之，《孟子·万章下》里有一句话："敢问交际，何心也？"朱熹为之作释道："际，接也。交际，谓人以礼仪币帛相交接也。"可见，古人崇尚的交际是人与人之间的"礼尚往来"。

《现代汉语词典》将"交际"解释为人与人之间的往来接触。在《朗文当代英语辞典》中,"communication"的定义是这样的:Communication is the process by which people exchange information or express their thoughts and feelings.(交际是人们交流信息或表达彼此的思想感情的过程。)可见,西方文化把交际看作是传递信息的过程,强调交际的工具性功能,他们认为达到个人的目的就是有效的交际。而东方文化则认为除了发送和接收信息外,交际更重要的目的是保持人际关系,他们往往认为保持人际关系比交换信息更重要。

交际是一个包含诸多因素的复杂过程,具有动态性、不可逆转性、符号性、系统性、自省性、交互性和语境性等特征。

语言是人们交际的重要手段,人们常常认为如果掌握了对方的语言就能够进行成功的交际。事实并非如此,文化在很大程度上影响了人们交际的方式。文化在很多方面对交际产生影响,主要体现在文化对交谈模式和交际风格的影响上。

2. 构成交际的要素

交际的过程包括信息源、编码、信息、渠道、干扰、信息接收者、解码、信息接收者的反应、反馈以及语境十个要素。

(1)信息源。信息源通常指具有交际需要和愿望的具体的人,是消息的制造者。国内学者贾玉新指出,所谓需要就是指希望别人对自己作为个体而存在的认可、对自己思想的共享或改变别人态度和行为的社会需要;而愿望则是指试图与别人分享自己内心世界的欲望。因为交际过程通常由一人以上参与,所以交际中通常有多个信息源共同存在。

(2)编码。交际过程中人们不能直接共享观念和思想,而必须通过符号的辅助。人们把思想付诸符号的形式表达出来,这个把思想转化成符号的过程即称为编码。贾玉新指出编码是一种心理活动,是一个依据社会、文化和交往规则,语言本体的词法、句法等规则对语码进行选择、组合和创造信息的过程。人们表达同一思想的符号并不相同,往往受到文化的影响。人们的思想可以通过语言或非语言符号的形式表达。

(3)信息。信息是编码的结果。编码是行为,是动词;信息是结果,是名词。

信息表达了信息源想要分享的想法和感受，是信息源内心所思的具体表现，它是交际个体在时空中某一特定时刻的心态的具体写照。信息可以通过语言或非语言符号表达出来，包括词汇、语法和思想的组织，外貌特征、动作、声音以及个人性格的某些方面。每一个信息都是独一无二的。即使又制造了同一个信息，接收该信息的方式也会有所不同，发生的情景也不同。

（4）渠道。所谓渠道就是传递被编码的信息的途径。渠道是把信息源和信息接收者连接起来的物理手段或媒介。信息传递的手段多种多样：可以是书面形式的，如书信往来、书刊、报纸、告示等；可以是电子形式的，如电话、电视等；还可以是声波和光波形式的，如广播、录音、图片等。例如：在面对面交谈中，声波和光波就是渠道；在书信往来中，光波是渠道，但是信纸和文字本身也是信息得以传递的渠道。除了使用书籍、电影、录像带、电视机、电脑、广播、杂志、报纸、图片等信息传递的渠道，人们还通过味道、气味和触摸来传递信息，它们也是渠道。

（5）干扰。影响信息的因素统称为干扰。干扰又有很多种不同的形式，可以大致归为三类：外部干扰、内部干扰和语义干扰。外部干扰指分散人们对信息的注意力的声音、图像和其他刺激物。外部干扰来自环境中，阻止信息的接收，如你和朋友聊天，这时直升机从头上飞过，你们听不到彼此说话，马达的轰隆声就是外部干扰。内部干扰指干扰人们注意信息的思想和感受。内部干扰指信息的发出者或接收者的思想和感受没有集中在交际本身，而集中在其他的事情上，如上课时学生们饿了，想着午餐，而没有集中注意听课。有时，人们的信仰和偏见也会成为内部干扰。语义干扰指信息源发出的信息符号包含多个意思而造成的干扰。

（6）信息接收者。信息接收者是接收并注意信息的人。信息接收者可以是有意图接收信息的，如他就是信息源意欲交际的对象；也可以是无意图的，如他恰巧听到了某个信息。交际通常是一个连续不断的、反复的过程，交际中人们通常既是信息源又是信息接收者。

（7）解码。解码是与编码相反的过程，也是一个对信息加工的心理活动。信息接收者积极地参与交际过程，赋予接收到的符号信息含义。

（8）信息接收者的反应。信息接收者的反应指信息接收者在解码后的行为。信息接收者的反应可以是对信息源的行为听而不闻，视而不见，不采取任何行动；也可以是采取了信息源所期待的行为，甚至可以是信息源不希望看到的行为。

（9）反馈。反馈是信息接收者反应的一部分，是被信息源接收到，并且被赋予含义的信息接收者的反应。不同的读者阅读同一本书后会有不同的反应，但是只有读者参与了某项调查，或者是给作者写信谈了自己的感受，反馈才发生。反馈对交际有十分重要的意义，交际者可以通过反馈来检验是否有效地传达和分享了信息，以便及时对自己的行为作出调整。一般来说，面对面的交谈中，交际者得到反馈的机会最多。

（10）语境。语境是交际中的最后一个组成部分。所谓语境，就是交际发生的场所和情景。语境可以是物理的、社会的和人际的。交际发生的语境能够帮助人们更加深入地了解交际。比如一旦人们了解了交际发生的物理语境，某种程度上就可以准确地预测所发生的交际。

（二）非语言交际

1. 非语言交际的内涵阐释

文化对交际的影响不仅体现在言语交际中，在非言语交际中也有所体现。非言语交际在交际中占有重要的地位，有研究表明，在面对面的交际中，信息的社会内容只有35%是语言行为，其他都是通过非言语行为传递的。因此，了解不同文化在非言语行为方面的差异在跨文化交际中有十分重要的意义。

关于非言语交际，西方学者提出的定义很多。有的定义很简单，如"非言语交际是不用言辞的交际"。有的定义则比较具体，如"非言语交际是不用言辞表达的、为社会所共知的人的属性或行动，这些属性和行动由发出者有目的地发出或被看成是有目的地发出，由接收者有意识地接受并有可能进行反馈"或"非言语交际指的是在一定交际环境中语言因素以外的，对输出者或接收者含有信息价值的那些因素。这些因素既可人为地生成，也可由环境造就"[①]。

[①] 胡文仲. 跨文化交际学概论 [M]. 北京：外语教学与研究出版社，2012，96-97.

2. 非语言交际与语言交际的区别

非语言交际与语言交际在四个方面存在区别：

第一，语言交际遵循语法规则，具有严谨的结构，而非语言交际却没有正式的规则和模式，没有固定的结构，因此要正确地理解非语言交际行为往往需要综合分析周围的情况才能确定。例如，一个人用拳头打另一个人，既可以是表示愤怒，也可以表示亲昵的关系。又比如，人们会因悲伤、激动而啼哭，但也可能莫名其妙地哭。

第二，语言交际使用特定的符号，而非语言交际却没有一套具有明确意义的符号。英语使用26个字母和用字母组成的词，字母和词是表达概念的符号。汉字是汉语的表意符号，同样具有明确的意义。在非语言交际中尽管也有许多类似符号的表意手段，但是，并不是每个动作都具有固定的意义。例如，拇指与食指合拢，其余三指伸直，这个动作在英美文化圈内是"很好""没问题"的意思，在我国是"三"的意思，但是在有的拉美国家却是猥亵的动作。

第三，语言是后天习得的，而不是生而知之。非语言交际的手段一部分是人类的本能，例如哭笑以及一部分表情，有些手段则是后天习得的，例如一些手势、姿势、副语言手段、服饰以及对时间和空间的利用等。

第四，从神经生理学的角度看，在从事语言交际与非语言交际时使用的大脑"半球"不同。目前的研究成果大致可以证明，在从事语言交际时大脑的左半球在进行工作，负责处理语言刺激，做信息分析和推理。而非语言刺激如空间的、画面的和完形的信息则是由大脑的右半球处理。

非语言交际通常与语言交际结合进行，在不同的情况下起着不同的作用，大致上起补充、否定、重复、调节、替代或强调的作用。我们在机场欢迎客人，一边说："welcome to Beijing"，边热烈握手。这握手的动作是对所说的话的一种补充。一般说来，在语言交际和非语言交际传达的信息冲突时，人们倾向于相信后者。我们有时一边说话一边用手势表达同样的意思。例如，一边说要两杯饮料，一边伸出两个手指，重复已经发出的信息。在两个人谈话时，常用眼神和语调表示下面该是谁讲话（语言学中称为话轮转换），调节相互的关系。有的情况下，无法用语言交流信息，必须用手势或其他办法。例如，交通警察指挥机动车辆，股票交易所的交易员在嘈杂的大厅里传递买卖的信息和行情都使用非语言手段手势或指挥棒替代语言交际。

3. 非语言交际的主要功能

非言语交际有一系列的功能，可以单独发生作用，也可以与语言信息配合作用来澄清语义。其功能主要有以下几种：

（1）补充或完成信息。非言语暗示可以通过补充一些冗余物来加强语言信息。比如，朋友之间说"见到你真高兴"，然后打招呼。比如，老师问你："你完成作业了吗？"你回答："当然完成了！"然后用手做出一个 OK 的手势。当非言语信息和语言信息能互相补充完成的时候，信息的内容就得到加强了。

（2）否定信息。非言语的暗示同样也可以反对或否定语言信息。比如，一个人说"我希望我们俩之间能互相留有一定的空间"，却一边靠得更近。这样，语言的信息就被他的非语言暗示所彻底否定了。这种交流也代表了双重含义，说明非言语的线索和语言正在互相矛盾中，有时非言语信息通常会是更为准确的意义的表现。

（3）替代信息。非言语的暗示可以替代语言信息。比如，用手指着一个人意味着要选出某个人。再比如，OK 的手势让大家都知道你很好；耸肩能让别人知道你对那件事情并不感兴趣；把手指放到唇边则暗示你希望房间里的每个人都停止说话。在上述每种情况里，话都不用说，信息就传递出去了。

（4）强调信息。非言语暗示还可以用来加强语言信息。比如，在演讲过程中放慢速度强调某处意思很重要，或是强调关键词。比如，一边笑着一边说："很高兴见到你。"这些都是非言语暗示在加强或强调发出的语言信息。

（5）调节信息。非言语暗示还能帮助调节人际交流时产生的来往信息流。我们能通过非言语暗示来调整对话的节奏。通过眼神的交流，通过姿势、手势以及声音，我们可以表示我们已经结束讲话了或是暗示谁该下一个讲话。非言语暗示可以帮助我们掌控交流的进程。它们能为语言交流提供信号。

4. 非语言交际与文化的关系思辨

在跨文化交际中，非言语交际行为和手段比语言交际行为所起的交际作用更大，在语言交际发生障碍时其代替、维持甚至挽救交际的作用则更不可低估。所以，清楚地认识非言语交际与文化的关系是十分必要的。

　　文化和非言语交际行为都是代代相传和后天习得的，都是长期历史和文化积淀而成的某一社会共同的习惯。二者之间的关系，在萨莫瓦等人看来有这样几个特点：文化与非言语交际密不可分；许多非言语行为都是文化习得的结果；人们的非言语行为的形成和效果往往都由一定的文化环境所决定。因此，了解非言语交际与文化之间的关系至关重要。萨莫瓦认为，通过了解某一文化的非言语表现的基本模式，我们可以探寻人们的举止态度；通过非言语行为模式可以了解一种文化的价值体系；通过对非言语行为的研究可以排除狭隘的文化优越感。在跨文化交际中研究非言语交际与文化之间关系的最为现实的意义是要解决非言语交际的文化冲突问题。人们对本文化的非言语行为往往习焉不察，而对其他文化的非言语行为却极为敏感，一旦发生理解偏差，就会对交际产生很大影响。

　　非言语交际行为的差异比语言行为的差异所引起的文化冲突还要严重，而且语言越流利，发出的错误的或不得体的非语言信息所引起的文化冲突就越严重，因为非语言行为一般是情感或情绪的表露。萨莫瓦提出，要解决跨文化交际中非言语交际的文化冲突就要在理解其他文化非言语交际行为的含义时牢记三条原则：第一，在注意某一非语言行为表现时不能忘记在实际交往中往往是多种非言语行为同时配合行动。第二，任何人都无法列举和描绘出每种文化的所有非言语行为。但是，如果我们在跨文化交际环境中正确理解一些常见的非言语行为的信息，就可以对所需要的信息有一个概括的了解。第三，我们只有先了解本文化的非言语行为，才能理解其他文化的非言语行为。

　　在跨文化交际环境中识别非言语行为信息时要严防模式化或只看表面现象。每一个非言语行为都不是孤立出现的，也不一定都是有意识地要传递某一信息。需要特别加以注意的是，在外语学习、跨文化交际活动和跨文化交际研究中，人们出于交际、学习和研究的需要，不得不对同一国家、同一语言民族的非言语交际行为加以综合和概括，力图归纳出一些有代表性的非言语交际行为。然而，在实际交际中，人们必然会发现，同一国家或民族的人非言语交际行为并不是完全一样的，甚至在同一地区不同职业、不同年龄层次和不同文化水平的人之间也千差万别。

了解了非语言交际与语言交际之间的关系以后就不难理解非语言交际在跨文化交际中的作用了。然而，值得注意的是，许多人认为，在跨文化交际中，要掌握的交际工具只是外语，他们比较注意语言交际行为的正确性、合适性和可接受性，却易忽略非语言交际行为和手段的文化差异及其影响，结果在跨文化交际中文化误解和文化冲突频频发生。我们也必须注意到，非语言交际贯穿于整个交际过程之中。非语言交际最能反映一个人的真实态度、心理活动和价值观念。

二、跨文化的非语言交际

交际是多个构成要素相互影响的连续过程，当各个构成要素出现文化差异的时候，就是跨文化交际。"跨文化交际"的英文是"intercultural communication"或"cross-cultural communication"，指的是不同文化背景的人与人之间进行的交际。跨文化交际是一种普遍、长期存在的现象。当不同文化的人不熟悉彼此的语言时，非语言交际就显得尤为重要。

（一）面部表情语言

面部是我们传递感情的主渠道，也是我们分析他人感情的主渠道。面部表情可以有效地表现肯定与否定、接纳与拒绝、积极与消极、强烈与轻微等各种维度的情感，准确地传达出各种不同的内心情感状态。面部表情可以随意控制，变化迅速，且表情的线索容易觉察，因而它是一个可以实现精细信息沟通的身体语言途径。

人的面部有数十块肌肉，可以做出上百种不同的表情，准确地传达出各种不同的内心情感状态。来自面部表情的信息，更容易为人们所觉察。人们可以通过表情来显示各种情感，也可以运用表情表达对别人的兴趣，可以通过表情来显示对一件事情的理解状态，也可以经由表情表达自己的明确判断。

1. 嘴

在交际过程中，嘴能提供很多有价值的信息。如挤压嘴唇这个动作仿佛是大脑在告诉人们闭上嘴巴，不要让任何东西进入身体，是消极情感的一种反映，它清楚地表明一个人遇到了麻烦或某些地方出了问题。再如缩拢嘴唇说明对方不同意他人所讲的内容，或是正在酝酿着转换话题，了解这一信息，有助于人们继续自己的描述、调试自己的提议或主导一段谈话。另外，生气或不屑时，嘴巴会向下撇；开心微笑时嘴角上翘；惊讶时张大嘴巴；隐忍时，紧咬下唇；把手指挡在嘴唇上方，通常代表想要掩饰自己的真正想法。

在进行跨文化交际的过程中，掌握嘴语中的微笑语尤为重要。英国诗人雪莱说过："微笑是仁爱的象征、快乐的源泉、亲近别人的媒介。有了微笑，人类的感情就沟通了。"在日常工作生活中微笑能让人们获得更多机会与友谊。

在进行跨文化交际过程中，常见的微笑方式有以下几种：

（1）抿唇笑。微笑时双唇紧闭且向后拉伸，形成一条直线，完全看不见双唇后的牙齿，这意味着微笑者隐藏了某个不为人知的秘密，或是他不想与对方分享自己的想法或观点。

（2）歪脸笑。这种歪脸的微笑是由于内心并不愿意真正微笑，左右两边脸出现不对称的结果。

（3）开口大笑。这种笑容看起来有些不太自然，人在开口大笑时，嘴巴张开，下巴低垂，嘴角上扬，给人一种很开心的感觉，勾起周围人想笑的欲望，营造一种快乐的氛围。

（4）斜瞄式的微笑。微笑时双唇紧闭，同时还低下头，歪向一侧，并且斜着眼睛向上望，这样的笑容不禁会让人联想到少年时的俏皮和心思暗藏。

（5）傻呵呵的微笑。这是一种没有特别意义的、习惯性的微笑，通常源自一个人的文化背景、个性及习惯，看起来非常笃定、满足。

美的微笑是嘴角微微上扬，上下刚好各露出 6～8 颗牙齿。但虚伪的笑容只会让人觉得"皮笑肉不笑"，真正的微笑是要发自内心的、充满友善的。

在进行跨文化交际时，如果掌握一定的微笑技巧，可使更好地达到交流效果：一是口眼结合。要口到、眼到、神色到，笑眼传神，微笑才能扣人心弦。二是笑与神、情、气质相结合。这里讲的"神"，就是要笑得有情入神，笑出自己的神情、神色、神态，做到情绪饱满，神采奕奕；"情"，就是要笑出感情，笑得亲切、甜美，反映美好的心灵；"气质"就是要笑出谦逊、稳重、大方、得体的良好气质。三是要笑与语言相结合。只有注意微笑与美好语言相结合，声情并茂，相得益彰，微笑方能发挥出它应有的特殊功能。四是笑与仪表、举止相结合。以笑助姿、以笑促姿，形成完整、统一、和谐的美。

2. 眼

眼睛是心灵的窗户，通过眼神可以表达出喜怒哀乐等各种丰富的思想内涵和信息。社会学家和心理学家做过很多实验，认为眼睛是脸部最有表现力的器官，眼睛传达出一个人的喜怒哀乐，可以确知一个人说话的倾向性和情感，甚至可以说，眼睛所传达的情感有时比有声的语言还深刻。因此，它对人际沟通有着极大的影响，能够表达更多的"无声"语言。

一天中，人的眼睛大约睁闭1万次，被研究的较多的眼语是"目光接触"（或称"目光交流"）。在正常情况下，人们之间的目光接触可能会占整个面对面谈话时间的30%~60%。在不同文化中，目光接触的习惯有所不同。在我国，直接注视他人的眼睛被认为不礼貌。日本人认为直接的眼神接触是一种威胁，当他们与一位长者说话时，一般低垂眼睛，这是尊敬的表示。阿拉伯人通常直接看着对方的眼睛，他们相信眼睛是心灵的窗户。

目光接触的次数和每次接触所维持的时间，是沟通信息量的重要指标。无论从社会规范的角度，还是从个人主体体验的角度，人们都需要在关联程度不同的人之间保持适度的相互作用。相互作用的过多或者过少，或沟通信息量的过多或过少，都会引起不良的后果。这种后果可以是外部的，如遭受谴责或妨碍关系；也可以是内部的，如不舒服或厌烦。因此，在进行非语言文化交际的过程中，要随时调整和控制沟通的相互作用水平。而调整和控制沟通相互作用水平的最有效途径，就是变化目光接触的次数和每一次目光接触的保持时间。这种途径的沟通调整和控制，不受任何情境限制。

心理学家研究发现，以目光接触的次数和每一次保持的时间为指标，可以很好地预测沟通者之间关系密切的程度。接触的次数越多，每一次保持的时间越长，意味着彼此的接纳性越高。

3. 眉毛

眉毛除了和眼睛一起，构成仪表的重要部分外，还表现着主人的心情。如眉飞色舞、扬眉吐气、眉开眼笑，是说主人心情很好；横眉冷对则说明愤怒；双眉紧锁表示苦恼。

心理学研究发现，虽然任何一种表情都是整个面部肌肉的整体功能，但面部的某些特定部位，对于表达某些特殊情感所起的作用更大。在一般情况下，表现厌恶的关键部位是鼻、颊和嘴；表现哀伤的关键部位是眉、额、眼睛和眼睑；嘴、颊和眉、额对于表现愉悦特别重要；而恐惧则主要由眼睛和眼睑表现。通常情况下，人们的目光与面部表情是一致的，都与内心的心理态度相对应。而在特定情况下，如情境要求人们做出特殊的表情，以便控制自己留给别人的印象时，人们的眼神与表情会出现分离。在这种情况下，透露人们内心真实状态的有效线索是眼神，而不是表情。因为表情是可以伪装的。实际上，眼神与表情相分离这一事实本身，就是人们作假的有效信号，只不过在一般的情况下，人们只去注意容易觉察的大肌肉运动，而不去注意眼神的变化。

（二）体态语言

人的姿态常常能"说"出很多话来，表达出种种不同的信息。比如直挺挺地站着，还是斜靠着门站着；是坐得端端正正，还是随随便便。总之，各种身体的姿态都传达着一定的信息。有的研究者认为，至少有1000种不同的体态语言。至于这些无声的动作究竟是哪一种信息，要看具体的语境而定。在大多数场合下，通常对多种动作姿态综合理解才能获得较为准确的信息。

1. 手势

关于他人内在情感的特殊信息通常用手势表示。

（1）手掌的暗示。摊开手掌，自古以来表示着真诚、忠心和顺从。发誓时用手抚心，法庭作证时将手掌高高举起，都是约定俗成的姿势。

（2）双掌摩擦的暗示。这传递着一种积极期待的信息。我们常用"摩拳擦掌"来形容准备做某件事、上战场时的心情，意味着做好准备，期待取胜。摩擦手掌的速度暗示所期望的事会有肯定的结果，但速度的快与慢显示了不同的心理特征，快速摩擦手掌一般表明说话者比较肯定、急迫，较慢地摩擦手掌往往会给人心怀不轨的感觉。

（3）拇指的暗示。拇指代表一个人的性格强度和自我，伸出拇指往往用来展示优越，高人一等，甚至侵略性。常见人伸着拇指自夸说："我这个多棒！"也有以此夸别人的，但拇指的指向不同，夸别人一定会伸向对方，否则，拇指的指尖朝向自己,与别人交谈时展示这种支配性的拇指手势,会让别人觉得他不够诚挚。

(4)两手的暗示。有时两手交叉,即十指张开,两两相对,钳在一起,表示有信心,经常伴随微笑,显得愉快。然而,在特定的情况下,它表示挫折或敌意,这时钳在一起的两手很用力,而使指尖发白。交叉的两手有三个主要的位置:脸部前面;坐时放在桌上及大腿上;站时搁在裆部。手的高度与这人的负面情绪的强度成正比。尖塔形手势,即两手的十个指尖两两相对支撑成尖塔状,往往显示自信心。

(5)两臂的暗示。①双臂交叉在胸前,无意识地形成一道屏障以阻隔一些外在威胁,表现出紧张、消极或防御的态度,给人感觉一种"与我无关""不参与"的态度,是旁观者的姿态。②交叉双臂同时握拳,常常还加上咬着牙、涨红脸,表示着敌意和防卫,马上就要有口头或身体上的攻击,这种姿态更得注意。③部分交叉两臂,即一臂横过身体,握住另一臂形成屏障,是缺乏自信心的表现;有的更隐蔽些,横过身体的一只手不直接握住另一臂,而是放在另一手上或附近的物体,如手提袋、手表、衣袖,做出整理表带等小动作,这也是掩饰紧张。几乎任何人在各种场合都用过伪装的交叉双臂的姿势,一些社会名流紧张时也不例外。

2. 姿势

身体自身也会讲话,我们通过身体语言所发送的信息总是在不断变化的,而且反映了自身是感觉满足而自信,还是感觉生气,抑或是感到担忧和沮丧。一个人的姿势标志着这个人是愿意靠近、见识整个世界,还是想要逃避和拒绝。同样重要的是,通过身体语言也能了解他人的态度。

低垂着双肩可以表示说话者身负重担或是深受压迫,高耸的双肩则表示正受人重视。对美国人来说,双肩放平通常表示着力量。我们的感情经常是和身体方位紧密联系着的。经过多年发展而成的一些固定词汇就能表达出这种关系。比如说,我们会说"肩负重担""脊梁骨""昂首"。我们感觉的方式可以影响到我们自持的方式,同样,我们自持的方式也会影响到我们感觉的方式以及他人感知我们的方式。

(三)接触语

人类感觉的发展顺序是触觉、听觉和视觉,但是当我们长大成人后,使用的顺序正相反:视觉、听觉和触觉。心理学家强调人类有触摸的重要需求,在婴幼儿时期,适当的触摸满足感对日后的健康行为的发展有着重要的作用。在沟通中,两个人之间的面谈,在背上的一记轻拍能传达明显的感情支持,而这样的情形,用文字是不易传达的。

在进行跨文化交际的过程中,双方在身体上相互接受的程度,是情感上相互接纳水平的最有力的证明和表示。对身体的接受,是人际交往中安全感得以建立的标志。人类学家发现,如果一种文化对人们在日常生活中的身体接触较为容忍,使人们在日常生活习俗中与别人有较多的身体接触,则成长于这种文化背景中的人,在人际沟通中更容易建立对别人的安全感与信任。他们的性格较为开朗、轻松,与别人的相处也较为真实、坦率和容易。相反,在高度忌讳人体接触的文化背景中成长的人,在人际沟通中也较难建立对别人的安全感和信任,他们的性格也相对压抑、封闭,与别人的相处也较为虚假、规范化和困难,难于与别人建立真实的、深刻的情感联系。

(四)客体语

尽管人们常说"不要以貌取人",但不能否认外表确实能传递很多信息。初次见面,对方的相貌、体味、衣着、打扮,包括一些随身物品都会大大影响人们对他的第一印象,从而决定交际的成败。人们在交际过程中通过以上方面传递的信息统称为"客体语"。可以说,客体语是各种非语言信息中最重要的自我表现形式。

1. 相貌

在身体信息中,人们最先注意到的可能就是相貌。在这方面,中西方共同的美的标准是大眼睛、高鼻梁,但中国人更喜爱"樱桃小口",而西方则以"大嘴"为美。比较中美的卡通片也会发现这样一个现象,中国人制作的《宝莲灯》中,主人公和他的母亲都是大眼小嘴,而差不多同一时间推出的美国动画片《木兰》中花木兰的形象则是丹凤眼、厚嘴唇。

2. 体味

对人体气味（body odor）在交际中作用的研究也是非语言交际研究的一个重要组成部分。有的学者用"嗅觉"（olfhction）表示嗅觉和嗅闻行为，用"嗅觉信息"（olfactoiy messages）表示自己周围的气味。

影响人体气味的因素很多，惠特菲尔德和斯托达特认为这些因素包括食物、饮水、心情、生活习惯、种族、性别、年龄、生殖状况、身体锻炼及健康状况、卫生和情绪等。此外，还有环境气味的影响，如人体皮肤、头发和衣服吸收的有味商品的气味。在跨文化交际中需要注意两点：一是正确对待来自不同文化背景的人的身体气味，即身体气味的文化差异；二是养成良好的卫生习惯并认真对待因某种原因而产生的自己特有的不良气味。

3. 衣着

服装是装饰的主体方面，会使人们对其主人产生非常强烈的和直观的印象。服装不仅反映着一个人的性别、年龄、职业、地位，也反映着一个人的社会角色、性格乃至情绪倾向，甚至可信和可靠的程度。服装不仅在人际沟通的意义上有自我显示的作用，而且在个人内沟通上有改变自我概念的功能。不同的服装会向自己发出信息，改变个人的自我感觉。

一般服装可以分成制服、职业装、休闲装。制服是最专业化的服装形式，它表明穿着者属于一个特定的组织。在制服上存在着极小的选择自由，甚至会被告之什么时候穿，能不能佩戴装饰品。最常见的制服是军装，军装告诉人们着装者在军队等级制度中处在什么位置以及在这个组织中与他人处于什么样的关系。

职业装是要求雇员穿着的服装，但它不像制服那么刻板。职业装表现的是一种特定的工作行为，它要表现顾主期望的一种特定形象。穿职业装的雇员有一些选择空间，例如飞机乘务员被要求穿专门的服装，但他们可以按自己的爱好进行搭配。一个公司可能要求其雇员穿西装，但雇员既可以选择颜色，也可以选择样式。一些学校为教职工制定了衣着准则，但在大多数的学校里，教职工的穿着是完全自由的。在一项研究中，研究者发现，那些衣着随意的人——褪色的牛仔裤、T恤衫和绒布衬衫，得到了学生最肯定的评价。

休闲装是工作之后的穿着。因为这种服装的选择权在个人，所以，人主要通过穿休闲装来表现自己的个性。

关于服装的颜色值得注意。不同文化的人们对色彩赋予的含义也有差异。相同的颜色在中西方文化中往往有不同含义。比如，在美国白色代表纯洁，白色是婚礼的主色调，新娘穿白色的婚纱；而白色在中国和日本则代表忧郁，是葬礼的主色调。又如，紫色在美国代表高贵和神秘，而在拉美国家紫色则代表死亡。再如，红色在美国等文化中代表浪漫和激情，在中国红色代表喜庆和吉祥，而在日本人们则忌讳红色，不用红色包装礼物。在正式的交际场合，第一颜色应为黑和白，其次是灰色、褐色系列。

4. 化妆

化妆本身的含义，就是更有效地向别人显示自己。佩戴首饰、整容等，本质上都是化妆的延伸。因此，化妆也是一种特殊的身体语言和沟通方式。一个人的化妆风格，直接反映他或她期望向别人表露自己的哪些信息，反映着一个人的审美情趣与性格特点。

（五）副语言

副语言（Paralanguage）是指伴随话语发生或对话语有影响的有声现象，一些超出语言特征的附加现象，如说话时的音高、语调、音质等都属于此范畴。此外，诸如喊、叫、哭、笑、叹气、咳嗽、沉默等也可以看作是副语言现象。这些是伴随话语而发生或对话语有影响的，有某种意义，但是其意义并非来自词汇、语法或一般语音规则。学习掌握这些语言之外的副语言现象是透视说话者意图的关键。

（六）人际空间

像大多数动物一样，人类也有自己专属的个人空间，它仿佛是一个便携式的大气泡，无形地环绕着人们的身体。不管走到哪里，这个"气泡"以内的空间就是人们的个人空间。人类个人空间的大小也取决于生长环境当中的人口密度。这就意味着，个人空间的大小还与文化背景有关。在有些国家的文化背景下，例如日本，人们已经对拥挤的环境习以为常，但是很多其他国家的人更偏爱开阔的个人空间，希望其他人能够跟自己保持适当的距离。

一个人的自我空间只允许与已经在心理上建立起安全感、情感上已经接纳的人来分享。空间距离的接近与情感的接纳水平呈正比例关系。情感上接纳水平越高，能够与别人分享的自我空间也越多，对空间距离接近的容忍性也越高。如果没有情感上的相应接纳，则任何人闯入一个人的自我空间，都会被认为是严重侵犯，使人心理上感受到很大压力，并产生强烈的焦虑体验。这种体验会迫使人们调整自己与别人的空间距离，直到重新有了完整的自我空间为止。

影响人们自我空间大小的最重要因素，是单位空间内的人员密度。在拥挤的公共汽车上，人们的自我空间很小，彼此不得不通过躲避别人的视线和呼吸来表示与别人的距离。人们会发现，无论公共汽车多么拥挤，人们的视线都是朝向窗外，只有熟悉的人谈话时保持一定的目光接触。心理学家发现，在图书馆的阅览室里，读者倾向于按照密度等距离分布。如果不是相互熟悉，人们是不能容忍彼此坐得特别靠近的。

一般情况下，每个人都不想侵犯他人的空间，也不愿意他人侵犯自己的空间。人与人的亲密程度与双方的空间距离成正比。爱德华·霍尔（Edward Hall）在他的《隐藏的空间》（*The Hidden Dimension*）一书中用"空间社会学"（Proxemics）这个词来表示人类对空间的使用。空间社会学指的是当我们谈话或与他人交流时存在于我们之间的空间，以及我们对家、办公室、社会团体里的空间的组织方式。每个人都会要求别人与自己保持一定的距离，称为近体距离。一旦别人与自己之间的距离超过允许的限度，人们就会觉得不安和紧张。每一种文化中的人们对近体距离的要求有所不同。霍尔根据交流的种类不同和关系的性质不同，指出了四种存在于人与人之间的距离：

第一种，亲密距离。亲密距离（0～45厘米）又称亲密空间。其语义为"亲切、亲密、热烈"。在所有不同模式的个人空间中，亲密距离的间距是最为重要的，因为人们对于这个空间有着格外强烈的防护心理，就像对待自己的私有财产一样。只有在感情上特别亲近的人或者动物才会被允许进入这个空间，比如恋人、父母、配偶、孩子、密友、亲戚和宠物等。亲密距离又可以分为两个区间：其中0～15厘米为近位亲密距离，常用于恋人或夫妻之间，表达亲密无间的感情色彩；16～45厘米为远位亲密距离，是一个可以肩并肩、手挽手、说悄悄话的空间。

第二种，个人距离。个人距离（46～120厘米）又称身体区域。其语义为"亲切、友好"，其语言特点是语气和语调亲切、温和，谈话内容常为无拘束的、坦诚的。属于一般熟人交往的空间，人们在鸡尾酒会、公司聚餐以及其他友好的社交场合，通常会与他人保持这样的距离。近位个人距离为46～75厘米，可与亲友亲切握手，友好交谈；远位个人距离为76～120厘米，在交际场所，任何朋友、熟人都可自由进入这一区间。

第三种，社会距离。社会距离（120～360厘米）的语义为"严肃、庄重"。这个距离已经超出了亲友和熟人的范畴，是一种理解性的社交关系距离。其中，120～210厘米为近位社交距离，其语言特点为声音高低一般、措辞温和，适合于社交活动和办公环境中处理业务等；210～360厘米为远位社交距离，其语言特点是声音较高、措辞客气，适用于比较正式、庄重、严肃的社交活动，如谈判、会见客人、工作招聘时的面谈等。

第四种，公众距离。公众距离（360厘米以上）又称大众距离，是人们在较大的公共场所保持的距离。其语义为"自由、开放"。其语言特点为声音洪亮。措辞规范，讲究风格，适用于大型报告会、演讲会、迎接旅客、小型互动等场合。此距离表示安全感和权威性。

上述四种空间距离，只是人际交往的大致模式，并不是刻板的、凝固的。人际接触的具体空间距离是根据具体情况的变化而变化的。如民族文化传统不同，人们交往的空间意识会有差异，两个关系一般的西班牙人或阿拉伯人的谈话，他们之间的空间距离就只有15厘米，而这种距离会被英国人和美国人视为一种侵犯和干扰。

第二节　跨文化视角转换翻译的不同策略

翻译就其本质而言就是语言之间的转换，同时语言又是文化的载体，语言的文化性集中表现在语言的文化属性、文化价值和文化功能等方面。作为语言内涵的文化，给予语言的影响是全方位的。所以翻译也就理所应当地是两种文化之间的交流。翻译的目的就是为了达到交流和沟通，这就要求译者通过翻译，尽量加强和增进不同文化在读者心目中的可理解性，缩短出于缺乏理解甚至误解所产生的障碍和距离，是个既合理又符合愿望的要求。语言翻译集中表现在三个方面。语音、词汇、语法，这几方面又决定语言的指称内容与形式。那么按照跨文化视角转换的角度来讲，分为两种内涵，即广义和狭义。广义的视角转换包括多方面的内容。就其狭义来说主要包括从相异角度传达相同信息，从相悖角度传达同样信息，那么针对这种情况，运用视角转换技巧。我们在翻译时可以使用归化策略和异化策略。

一、跨文化视角转换翻译的归化策略

归化策略是把一种文化中的异质成分转化为目的语读者所熟悉的另一种文化的内容，以目的语文化为归宿，也就是从与源语相异角度传达同样信息。使读者领略到不同语言文化之间不谋而合，异曲同工的妙趣，同时使译文更加符合读者的阅读、表达和欣赏习惯。在翻译实践过程中，由于文化背景和思维方式的差异，遇到源语语言文化因素与目的语的语言文化因素相差悬殊的时候，为了使译文更加符合目的语的表达习惯和思维方式，同时为了更好地体现目的语读者的语言价值观和文化意识，使译文达到语用等效，我们可以对原文采用归化处理对语言中的某些成分和句式进行目的性的改变。这样，在进行翻译时依据目的语的语言文化规范，采用了与源语相异角度来表达源语信息，反而可以使目的语的读者更明了更易接受。[1]从相异角度表达相同信息时，我们可以采用以下几种途径的翻译技巧：译文中使用不同的主语，译文中使用不同的搭配词，在无主句翻译中使用不同的翻译技巧。

（一）物与人、人与人的视角转换

由于语言思维的差异，在翻译过程中受母语思维根深蒂固的影响，对源语的思维认知度就会相应降低，另外一方面因为英汉文化背景和历史的差异及不同的表达习惯。中西方民族在相同语言表达习惯及方式上会有很大的差异。例如在对

---

[1] 王海芸.跨文化交流下的英语翻译策略研究[J].河南科技学院学报，2020，40（11）：69-74.

主语表述上会截然相反。汉语句子中以"人"作为主语的情况比较多，而英语句子中以"物"作为主语的情况比较多。那么在进行翻译时就要求我们要根据语境把主语做相应的变换，以保持源语语言的地道性。例如：

例 1："Don't worry, son, we will show them a few tricks." Darrow had whispered throwing a reassuring arm round my shoulder as we were waiting for the court to open.

译文："别担心，孩子，我们将给他们看些把戏。"我们等候开庭的时候，达罗搂着我的肩膀，低声对我说，叫我不要担心。

分析：Reassuring 属于描写人的表述词语移来描写人体的一部分，说明某种行为动作，使之带上人的情感。再如：人与人之间若缺乏这样的接触，就不可能建立信任、培养信心。在译为英语时，如果机械地按照汉语原语序来译，就使该句的主语 trust 和 confidence，不能够很好地突出出来，也失去了该句的警示作用。如果我们做如下翻译："Without person-to-person contacts, true .trust and confidence cannot develop."看起来就非常自然且语意非常清晰，也更符合英语母语的习惯性表达。

在人称翻译上，西方人很讲究谦让，一般会把自己放在最后，为了表示对第三人的尊重，当与别人聊天时要先说第三人。顺序一般为：第二人称→第三人称→第一人称。you → he/she；it。例句：You, he and I should go there as soon as possible. 如果是复数人称代词作主语时，其顺序为：第一人称→第二人称→第三人称。we → you → They。但是在下列情况中，第一人称放在前面。在承认错误、承担责任时，It was I and John that made her angry, 是我和约翰惹她生气了。

另外，我们在翻译时对于人和人之间的转换还有称谓的差异也要留意。中华民族是历史文化源远流长的礼仪之邦，长幼尊卑观念非常浓厚。但是对于工业化比较早，有着商业文化传统的英国人来说，他们对亲属的称谓名词则非常笼统，我们有直系和非直系的姑表亲、堂表亲、舅表亲和姨表亲。但是，英语中很多则是用同一个表述用词。因此在英译汉时一定要搞清楚源语里各人物的关系，只有这样才可以准确表达人物的亲疏关系。

（二）跨文化视角中词类转换翻译

在跨文化视角转换翻译中，在某种场合下，出于对译语优势、可接受性和可读性方面的考虑，对那些正面译不通顺的英语表达从反面来译，从反面译不通顺的从正面来译，有些肯定表达必须采取否定的译法，而有些否定的表达则可以采取肯定的译法，只有经过这样的转换处理，译文才能符合汉语的表达习惯。这种转换视角，又称"正说反译法/反说正译法"。动词、副词、形容词、介词短语、连词、名词、某些固定短语或句子都常涉及这种翻译法。但是在一种语言中，词与词之间的搭配是相对稳定的。而两种语言之间词的搭配又有很大差异。例如 If Mary leave him, he would be totally lost，这里的 totally lost 不是指"迷路"，而是指"心里没主张或没成熟的想法"，故应采用正说反译法，译成带有否定意味的"茫然不知所措"。而像"more than""better than"这类词组，多半需要译者转换翻译角度来表述原文意义，使译文更加流畅。

例 1：His explanation is far from being satisfactory.

译文：他的解释绝不能让人满意。

在英译汉中同样也存在词的搭配的转换。

汉语词汇丰富多样，有时候我们会发现一个相同的英语词汇在汉语语言环境中用不同的汉语词汇来表达更为贴切。这个在英语颜色词语翻译时比较常见到。例如：green 这个词在不同语境下的释义分析。He is a greenhand. 他是个菜鸟/新手（此处指没有经验的，新来的）。Do you see any green in my eye？你以为我是好欺骗的吗（不能译为"你从我眼里看到绿色了吗？"）？green eye 的意思是"嫉妒的眼睛"。green old age 则为"老当益壮"。

综上所述，根据其内涵意义我们使用不同的汉语词语来搭配出符合我们汉语习惯的短语。根据英汉不同的语言习惯及词的搭配习惯都进行了不同语言角度的转换，以期望更加符合译语的表达习惯。

（三）跨文化视角转换下翻译句式的翻译

在日常交际和翻译中，我们通常进行的是句式的翻译。而一些英语特殊句式受语言习惯影响，对于我们来说是一种较难译准确的语言现象。例如在英语中经常会见到无主语的倒装句，There be 句型、祈使句、省略句等，有时我们在翻译时用适当的名词或代词补出主语。在语态翻译时，我们也往往会借助于被动语态。上述这些语言现象我们可以考虑使用视角转换的方法从不同角度来表达与源语相同的意思。

1. 倒装句翻译

我们使用汉语时，倒装句式并不多见，但在英语中倒装句却被广泛应用。人们通常会因为想要突出或强调句子中的某一成分，而调整句子的原有次序，形成倒装句的句子结构。在英语中，倒装句可以分为部分倒装和全部倒装。全部倒装和部分倒装。全部倒装是指将全部谓语动词都放在主语之前。部分倒装是指将谓语的一部分如助动词、系动词或情态动词放在主语之前。如果句中的谓语没有助动词或情态动词，则需添加助动词 do、does 或 did，并将其放在主语之前。可在翻译汉语的某些无主句的时候，我们可以考虑使用英语的倒装句，这样不仅可以保持句子的完整性，而且也符合英语的语言习惯，同时还起到了强调的作用。例如：

例1：Splendid is the architecture of Manhattan, the heart of the city, with it shundred and more skyscrapers.

全句只有1个谓语动词：is。本句是一个完全倒装句。按照正常语序应该是：The architecture of Manhattan, the heart of thecity, with its hundred and more skyscrapers, is splendid.

汉语译文：作为这座城市的中心，曼哈顿的摩天大厦有百余幢之多，其建筑十分壮观。

例2：Only in recent years have women begun to catch up with men in this area.

全句只有1个谓语动词：begun。本句是一个以 only 开头的主谓倒装句，按照正常语序应该是：Women have begun to catch up wi th men in this area only in recent years. Only 在句中起强调作用，所强调的是 in recent years，倒装结构强调式的运用充分体现了英语结构匀称、重点鲜明的特点。

2. 无主句"there be"句型的翻译

为使译文更加符合目标语的表达习惯，使译语更容易被读者所接受。当无主句表示某种存在的时候，可以考虑转换视角使用英语中的"there be"句型来翻译。无主句是具有汉语特点的句型，中国人很容易理解，在翻译无主句时可以改变其原有句子结构。例如：

"没有顺利，无所谓困难"可以被翻译成"Without facility, there would be no difficulty"。

"简而言之，是三点不是两点"可以翻译为"In brief, there are three points, not just two"。

There is more argument on the kinds of behaviors referred to by the term than there is on how to interpret or classify them.

结构分析：句子的框架是 There is more something（argument）on A than there is on B，即人们对于 A 的争论比对 B 的多。A 和 B 各是什么呢？A 是 the kinds of behaviors referred to by the term，此术语（即前文所提到的主题 intelligence）所指的各种行为；B 是 how to interpret or classify them，如何对它们（即这些行为）进行解释分类。本句的关键是找出主干结构 more on…than on…，理顺逻辑关系，再用更合乎汉语习惯的语言翻译出来。参考译文人们对与智能有关的各种行为，比对这些行为如何进行解释和分类，看法更不一致。

3. 被动语态的翻译

被动语态是英语中的常见句型，在英语中的被动语态态使用得比汉语要多，要普遍。在被动语态中主语是动作的承受者，或者是说动作不是出主语而是出其他人完成的，则用被动语态。对于汉语的无主句结构我们可以使用被动语态的结构，也符合英语的表达习惯和思维方式。我们可以看出英语译文中的主语是汉语句子中的宾语，像这样的例子还有很多，例如：

例1：革命者是杀不完的。

译文：Revolutionaries can never be wiped out.

例2：这种装置在机械表制造工业中是很需要的。

译　文：This kind of device is much needed in the mechanical watch-making industry.

4. 省略式祈使句的翻译

省略是一种避免重复、突出关键词语并使上下文紧密连接的语法手段。英语谚语中，因其口语化的特点，高度压缩的省略句式相当常见。这些省略句式中，有时甚至只保留需要强调和突出的中心词语，其余的部分均省略。但省略的前提条件是表达无歧义。省略后的句子结构格外简练，语义更为突出，表意能力也大为增强。在翻译祈使句和感叹句时，经常会使用这种翻译技巧。在汉语中祈使句是表示要对方做或不做某事、带有祈使语气的句子。有时也借助语气词"吧、啊（呀、哇、哪）"等表达。在进行英语翻译时，而在英语中则为用于表达命令、请求、劝告、警告、禁止等的句子。例如：

例1：去洗你的手吧。

译文：Go and wash your hands.

例2：上学不要迟到。

译文：Don't be late for school!

5. 翻译视角转换下的增补主语

无主句是汉语里的一种特殊句型，在英语句子里一般都有主语。因此，有些英语句子的翻译需要转换视角，我们可以通过补出主语，这也是出于某种修饰目的，突破原文的形式，表示强调或减弱或暗含一些意义，对原文中难以译出的进行加词补偿。这种视角的转换可以依靠最简单、直接的方式就是根据上下文的意思添加相应的代词或名词作为主语。但其视角转换的目的在于对原文语义的补偿，而不是单纯的增强译文连贯性或可读性。例如：

例1：不努力就不会成功。

译文：One can never succeed without making great efforts.

例2："不经一事不长一智"。

译文：You cannot gain knowledge without practice.

分析：这个句子是一个家喻户晓的中文习语，即使原文中的句子没有主语，根据对语境的理解我们可以作出判断，在翻译英文句子时可以补出主语"you"使英文句子表达更通畅，结构更完整，更易理解。

例3：弄得不好就会前功尽弃。

译文：If things are not properly handled, our labor will be totally lost.

分析：此句源语中没有主语，在翻译成英文时补出了主语"things"使原文更容易被译语读者所理解。

二、跨文化视角转换翻译的异化策略

翻译并不是从一种语言到另一种语言词和词的单纯转换。出于任何一种语言都局限于自己特定的文化背景中,它们各自在其源远流长的历史中形成了独有的表达方式。同时,使用不同语言的读者也形成了对自己所属语言系统独特的表达方式的习惯性。因此,相同的思维内容可以用不同的语言负载,这并不意味原语和译语间在形式和语境上有完全相同的意义。纽马克提出,在译入语允许的范围内,尽可能地使译文从语义和句法上接近原文,将原文确切的上下文意义翻译出来,进行"语义翻译"。从与源语相悖角度传达同样信息也是视角转换的一种方法。意即对那些正面译不通顺的英语表达从反面来译,从反面译不通顺的从正面来译,出于对译语优势、可接受性和可读性方面的考虑,而舍弃形式方面的意义对等,保留内容方面的意义对等。这时我们在翻译时可以通过异化翻译策略来实现。异化策略以源语文化为归宿,把源语文化成分以近似原貌的形式转换成目的语形式。采用异化的翻译策略传达原文的意象和文化内涵,能够原原本本地反映原作的面貌,直接跨越语言文化交际中的差异,保留了原语的文化特色。这种原汁原味的直译给读者带来异域文化和异国情调,同时还留下了想象的余地。这种转换可以通过两种途径达到:一种是使用反义词,另外一种是使用相悖的语态。

在单词层面翻译时,尤其是对于文化特色词而言,为了保持原作形象和异域文化特色,异化翻译应当是首选。这种译法有利于两种异质文化和语言的相互交流和渗透,促进它们彼此融合,使得两种语言可以互相生辉。

(一)采用正反词进行翻译

在进行英语翻译过程中,利用词性的灵活性,使原本源语的不易通顺的地方进行翻译,有时会达到一个令人意想不到的翻译效果。

例1:亚太经合组织必须一视同仁,并且在态度上必须是开放而不是封闭的。

译文:APEC will have to be non-discriminatory and it will have to seek to be open rather than closed in its approach non-discrimination.

此例中还将 rather than 反译说明,这类暗含"肯定一方否定另一方"意义的片语,又如 "more than" "better than" 这类片语,多半需要译者转换翻译角度来表述原文意义,使译文更加流畅。

另外由于语言习惯的不同，在一些情况下，汉语和英语可以使用反义词来表达相同的含义。例如："北屋"可以翻译成"a room with a southern exposure"。"北"在英语中对应的词汇应该是"north"，而我们译文中所使用的"south"所对应的汉语词汇应该是"南"。很显然在这翻译这个短语时使用了反义词。如此翻译不仅可以将屋子的位置表述清楚，还考虑到了中英文的语言差异。"他是外乡人"可以翻译为"He is not a native."这个句子在译文中使用了否定式，这其实是一种英语委婉语的表达方法，委婉语常常用在英语语言环境的各种交际场合。

例2：如果没有他的帮助，我早就失败了。

译文：But for his help, I should have failed.

分析：在这里原文中"如果没有他的帮助"是含有否定意义的句子，译文中却用了肯定句式，出此我们可以看出语言之间的采用肯定和否定，正向和反向之间层面意义的相互装换，这种转换是相当灵活的，如果我们利用好了转换视角，那么我们的翻译既符合源语的要求，又使目的语读者不会理解偏颇，这样可以相得益彰，各取所需。

（二）英汉语态的转换相悖翻译

在汉语很多句子中，想要表述客观地对待事物，而不强调行为的主体，所以通常不用"I""you"等作为句子开头。那么在翻译这类句子时就会产生英汉相译时的语态翻译。语态表示句中主语和谓语动词之间的关系，包括被动语态和主动语态两种。若主语是动作的执行者，动词用主动语态。在主动语态中句子的主语和谓语是逻辑上的主谓关系，从语法结构上来看，主语是谓语动作的施动者。在被动语态中句子的主语和谓语是逻辑上的动宾关系，句子的主语是谓语动作的承受者。从英汉两种语言的语言习惯来看，汉语中常用主动语态，英语中常用被动语态。英语中被动语态出现的频率较汉语要高，汉英互译时，要注意东、西方民族的语言差异性与习惯。那么在英汉互译时我们可以根据各自的语言习惯，为了使叙述的重点突出，语意连贯，语气流畅，常用被动语态来进行翻译，以使译文更加易懂。

例1：计算机还可用于使造船业实现自消化。

在这个汉语句子中并未使用被动的结构，但在翻译时我们可以翻译成：

computers can also be used to automate shipbuilding.

分析：很显然在译文中我们使用了在英语中应用广泛的被动语态，"computers"是"use"这个动作的承受者，这符合英语的表达习惯。诸如这样的例子还有很多。

例2：那些问题还需进一步澄清。

译文：Those questions have yet to be further clarified.

例3：这件事必须在适当的时候用适当的手段予以处理。

译文：It must be dealt with at the appropriate time with appropriate means.

例4：人们进行研究工作主要出于两方面的原因。

译文：Research is carried out for two reasons.

由此可见，在翻译时，被动意义的英语句式多译成主动的汉语句式，但是如果特别强调被动动作或为了特别突出被动句才译成汉语被动句。在翻译时要选一种既符合汉语习惯，又保持上下文连贯的译法。同时，既要兼顾语态转换的一般规则，也要注意其例外情况，特别是已习语化的被动语态形式更是不可忽视的。

第三节 跨文化视角转换翻译的技巧分析

一、跨文化视角下的虚实转换

由于中国人与英美国家的人思维习惯不同，英汉两种语言在表达上存在着很大的差异，英语倾向于使用抽象的、具有概括性的表达法，而汉语却倾向于使用具体的、形象的表达手段。虚化、抽象的表达在英语各类文体中都使用得相当普遍，但是汉语表述上却存在着很大的差异。西方人使用语言描述事物时喜欢开门见山而中国人往往喜欢所铺垫后再引出所要表述的话，语言表达含蓄。翻译时，为了更好地传达原文信息，达到意义上的对等，就不能进行逐字逐句的翻译而要使用转换虚实的翻译技巧。英文虚写的必须实译，或者英语实写的地方汉语虚译，虚实转化也属于视角转换的范畴。原语与译语之间语义相同但表达方式上可能存在差异，这是由于语言习惯、地理环境等的影响造成的。通过对原文和译文分析进行虚与实的转换，变抽象为具体或变具体为抽象，使原文与译文达到了语义上的对等，使译文忠实于原文。从而降低语言差别给翻译带来的损失，使译文产生同样的效果。①

（一）具体抽象化的译实为虚

在翻译时如果想达到源语和目的语的语言意义上的等值。同时又必须要考虑源语与译语语言习惯及文化背景的差异。为了解决客观存在的语言差异，有些在英语中十分具体的词句在汉译时需做模糊化的处理，化实为虚。为达到意义上的等值，译者在受到译语文化差异的局限时，不得不舍弃原文的字面意义，以求译文与原语的内容相符和主要语言功能相似。这在翻译时我们称为实虚转化。在翻译实践中我们不能逐字逐句的进行翻译，比如英语中具有实在意义的词传达的语，义却是抽象的概念，这种情况下我们在翻译时就要考虑使用译实为虚的方法。例如：由于汉英语言文化背景不同，一些委婉语如果直译可能会造成读者的费解或误解，这时，我们可以忽略委婉语的表面意思而直接翻译其隐含意义。例如：

例1：The matter was finally settled under the table.

译文：事情终于私下解决了。

分析：源语中"table"一词本意是指具体的实物，是具体的概念。而"私下解决"在汉语中传达的却是一种抽象的意义，正好可以传达原文所表达的语义。一些英语中常用的习语在英译汉时也会采用译实为虚的方法。例如一些英语术语。如：credit excessive inflation；信用过度膨胀化。verification of the story. 论证故事化。再比如"to hit the nail on the head"可以译为"切中要害，一语中的"。再来看两个实例：

例2：This my Pigeon，none of yours at all.

译文：那是我自己的事，跟你毫无关系。可千万不可译：为那是我的鸽子，就闹出笑话来了。

例3：Don't lose your heart. After all，there are plenty of fish in the sea.

---

① 胡荣慧. 英语翻译中跨文化视角转换及翻译技巧 [D]. 北京：中央民族大学，2012：25.

译文：不要灰心，终究会有机会的。there are plenty of fish in the sea.

意思是说如果失去了获得某种好东西的机会，还可以得到另外的机会，意思是机会有的是。这些都使用了译实为虚的方法译出该短语所传达的抽象概念。

下面我们引用英国女王伊丽莎白一世说的一句很有名的话：

例4："I know I have the body of a weak and feeble woman,"she said in 1588,"but I have the heart and stomach of a king, and a king of England too."

下面是采用译实为虚的译文："我知道我长就了一副柔弱女子的身躯，可我有一个一国之君的心胸，而且还是英格兰的君王。"

分析：此处body、heart and stomach 表示具体身体部位同类词，在翻译时都有转义，我们可以译为"志趣""心胸"和"胃口"等。译文使用了译实为虚的方法，就比较符合汉语言习惯，也忠于了女王的身份的描述。达到了原文与译文意义上的对等，实现了等值翻译。对译语读者来说，如果直译模糊或难以理解，我们就可以采纳具体抽象化的译实为虚的方法。

（二）抽象具体化的译虚为实

在英汉语言翻译过程中，语言的发展受历史、地理及风俗习惯等多种因素影响，不同语言具有不同的语言特点和用词习惯。汉语语言具有模糊性的特点，强调意合。英语语言用词直白，强调形合。有些人容易受原文用词、句子结构和语言表述的影响，在翻译时，不考忠原语与译语语言方面的差异性按照原文的句子结构逐字逐句的进行翻译，结果往往发生词不达意的错误。有时我们在翻译时需要把原文中抽象化的概念具体化，具体来讲是指把词义或词组义从抽象引向具体，从一般引向特殊，从概括引向局部，从"虚"引向"实"的过程。例如：

例1：A large segment of mankind turns to untrammeled nature as a last refuge from encroaching technology.

译文：许多人都想寻找一块自由自在的地方，作为他们躲避现代技术侵害的世外桃源。

分析：在本句话中把 a last refuge 引申译成为"世外桃源"，符合汉语形象的说法，也是该句具有时代的意义，也是我们很好理解。在某些情况下，从语义角度出发，为了使源语与汉语译文达到意义上的相对等值，原文中出现的形容词

也要译虚为实。例如

例2：I don't want to be a person who is more nice than wise.

译文：我不想做一个死要面子活受罪的人。

分析：根据原文想要传达的含义，原句中出现的形容词"nice"和"wise"都不适合直译，在这里我们采用译虚为实的翻译方法翻译为"死要面子活受罪"更为恰当。在英语中会有一些抽象名词的出现，对于某些抽象名词的翻译就要结合译语的语言特点和语言习惯采用译虚为实的方法进行翻译。例如：

例3：

A：他会辞职吗？

B：那不可能。

译文：A：Will he quit the job？

B：When pigs fly.

分析：在这个例子中表示抽象概念的"不可能"被翻译为"When pigs fly"。"pig""fly"这两个英文单词都是具有具体概念的英文词汇，我们知道猪是不可能会飞的，这个英语习语在英语中表达了不可能的概念，这就使用了译虚为实的翻译技巧。

有时源语中的一些不定代词如：nothing、something 所构成的短语翻译时也要使用译虚为实的方法。例如"An increasing number of people demand that something should be done about environmental pollution"可以翻译为"越来越多的人要求对环境污染采取必要的措施"。"something"一词本来是一个泛指的虚化的概念，翻译时结合原文的意思将此词译为必要措施，将这一表示虚化概念的词实译更符合原文意思，译文与原文达到了意义上的对等。

由于中西方社会习俗、历史发展、文化传统、价值观念等诸多方面存有明显差异，不同语言中的语用功能不尽相同。这就使得英汉两种语言存在很多的差异。在英汉翻译中，要求译者在英译汉时必须进行动静之间、虚实之间的转换实现译文语言的地道自然，表意清晰。灵活使用汉语中的各种各样的具体形达方法，具体到每个语境，从而避免固守原有的语言形式造成的语言生硬及不自然。因此，实译与虚译是翻译中很重要的技巧。译者应始终坚持从文化角度去思维，准确把握语言的语用功能意义，结合语境"对症下药"，将源语所蕴含的文化内涵忠实无误地传达给读者，从而使跨文化交际得以顺利进行。

二、跨文化视角下的形象转换

在翻译过程中，由于不同的民族在历史地理、宗教信仰、风俗习惯和价值观念上都各不相同，因此许多事物的形象在不同的语言中就有差异。从辩证的观点出发，原作风格与译者风格是矛盾的两个对立体。尽管在很大程度上，译者风格依附原作风格存在，但是，作为译作的润色剂，译者风格又是相对独立的。方梦之在其《译者就是译者》一文中曾经说过"在翻译的过程中，译者将原作提供的表象材料、知识经验等，凭着理智与直觉，组合成富有情感色彩的审美形象体系，然后把它再现出来。在这个过程中，译者的部分心理要素特征与风格特征与原作碰撞而需自我克制，而另一部分心理要素与风格特征顺应原作者和原作得以舒展，因而可同时表现出原著风格和翻译个性。"因此，追求原作风格与译者风格的统一对于翻译作品是非常重要的，译者应该缩小与原作风格的距离，避免其风格与原作风格背道而驰。那么在英汉互译时就要处理好形象的保留与转换。否则就有可能出现语言生涩甚至语句不通的问题。为了避免这一问题，有的可以直接引进，以保留异国情调；有的却要适当归化，即进行形象转换，使译文更符合目标语的表达习惯。那么形象是什么？这里所谓的形象即是形象语言。也就是指充满联想的，富有感情色彩的文学语言。在翻译时通过转换这种语言产生形象，变高深的事理为浅显易懂的语言，使复杂的事物变得简单明了，使抽象的事物具体生动，比如人物、动物、数字等。从这个意义上说，没有转换就没有翻译。但是因为两种语言的差异太大，形象的替换若使用不恰当，甚至勉强为之，这样易造成对原文内容的曲解，最终往往会弄巧成拙，事倍功半，达不到翻译的真正目的。视角转换在翻译某些成语、谚语或是典故时或者比喻修辞时。源语中所使用的形象是目标语的读者所陌生的，我们往往使用形象转换，用目标语读者所熟悉的形象来代替源语中所使用的目标语读者所不熟悉的形象，这样就不会使目的语读者产生理解上的误解和错误。

形象转换是视角转换的一个重要组成部分，形象转换又是一个复杂的问题，转换时所选形象使用的正确与否直接影响到译文的质量高低。这里主要从形象转换的喻体和形象转换的方式两方面来进行论述。

（一）形象转换的类别

由于英汉民族的思维方式和文化背景不同，同一形象所承载的语义可能就不尽相同。一方面，英汉指称意义相同的形象，其语用意义可能相去甚远，甚至完全相悖。另一方面，在源语中含有丰富的语用意义，在译语中却失去了意义，在译语里不能产生等值的联想意义。无论是英语语言还是汉语语言都存在比喻这种修辞手法。喻体是比喻的一部分，它是与本体相对而言的。对本体特征进行有效并极其形象的修饰就是喻体的功能。使用喻体对本体特征进行描述，能使本体的描述变得更加形象生动。

首先形意相同。尽管汉民族和英语民族在思维方式、语言体系、价值观念等方面有很多差异。但是并不是说它们之间就没有共同成分。英汉两族人民在观察同一事物时，也往往产生相同的认识和感想。英汉语意义也会存在认知意义完全对应。无论在意义、形象或风格上都具有相同或近似之处，这也体现了文化之间的包容性，这时在视角转换时应采用等值翻译再现原语形象。例如：

pink-eyed 嫉妒

crocodile tears 鳄鱼的眼泪

火上浇油 pour oil on fire

loseface 丢脸

再如习语 Barking dogs seldom bite。Like father，like son. 这些词也随着民族间的交流，产生了一致的意义，也被不同语种的人们所接受。

其次形同意别。在翻译过程中，出现原语和译语文化中都有却具有不同的联想意义的形象时，相互借用现象是常见的，借用来的词语补充、丰富了语言的表达手段，并保留原来的形象和意义，求达到交流的目的。例如：

例1：Billy hit me, so I hit him back tit fir tat.

译文：比利打了我，所以我也以牙还牙打了他。

汉语中还有许多在中国读者心目中已经"约定俗成"的习语，如"空中楼阁"（castle in the air）等，其实都是从外语中直接引入的。这些短语在传媒中频频使用，现在已经成为汉语的一部分。再有一种情况是形异意同。英汉两种民族在语言和文化,上是"绝对歧异,相对相似"为了目标语读者的理解和接受,译者在翻译时往往采用归化的手法,在目标语文化里找到喻义对应甚至等同的形象。例如:

cry up wind and sell vinegar(挂羊头,卖狗肉)

fish in the air(水中捞月)

remain a deadletter(石沉大海)

在研究颜色词混合习语里。我们可以看到许多共同之处,应注意到民族文化也有相同的一面。比如汉民族把红色当作"喜事""热闹""吉利"的象征,而在英美民族里"红"也有某些相同的象征意义。例如:

hang out the white flag 认输/投降

white lie 善意的谎言

swear black is white 颠倒黑白/强词夺理

因此我们在翻译的时候,考虑到汉语译文读者的文化背景和语言习惯,保证原语习语文化信息传递的信息度,同时保证习语文化信息传递的有效度。

（二）形象转换翻译的处理方法

翻译成功与否的关键是在翻译中有时是对形象的处理的成功与否。翻译过程中由于源语与目标语在文化、语言习惯方面的差异,译者就要充分考虑两种语言的文化因素和表达形式,对习语形象的处理要反复推敲,具体情况具体分析,才能使汉英的翻译达到传神达意、形义兼备的效果。那么怎样处理翻译中的形象才能确保翻译达到这一效果呢?下面通过译例分析来介绍保留形象;替换形象、增添形象以及舍弃形象这四种形象进行灵活处理的方法。

1. 保留形象

不同民族分布在世界各地,各自创造和发展自己的文化,其文化特质和模式有所差异,但不同民族的文化在很多方面都有着相同之处,即文化具有共性。当译语中无现成的习语形象与原语中习语的形象相对应,但为了保持原文的风格和效果,让译语读者获得与原语读者大致相同的感受,可采用直译法将原语的习语形象移植到译语中去,但要确保移植的形象不至于引起错误的联想,并能为译语读者所理解和接受。黄伯荣、廖序东的《现代汉语》对外来语的定义是:"外来词也叫借词，指的是从外族语言里借来的词。外来词是不同民族在交往过程中，把对方语言的词吸收到本族语言中来的结果。"例如 miniskirt 在西方流行的时候，中国根本就没有此类事物，因此在目标语文化中无法找到对应物，这时就不得不使用音译或者意译，或者音译意译相互结合，汉语译为"迷你裙"，此译一出，音义兼备，大受欢迎。如今 mini cassette（迷你盒式录音机）、minicab（迷你轿车）、MINIAC（迷你计算机、最小型自动计算机）等微型事物越来越多。

另外一种情况当形象和语义的结合在原语和译语中是共同的，或原语形象所承载的意义不难别读者所理解时，宜采用异化，直译原文，保留原语的形象，既保留指称意义，也同时传达语用意义。再如"Birthday suit"，大多数读者都会叹服其语言的睿智、含蓄及幽默，也自然让人想起婴儿呱呱坠地之时赤身裸体的可爱模样，为了保留源语的语言美感，通过借词，译作"生日盛装"。例如：

例1：A son never thinks his mother ugly, and a dog never shuns its owner s home however shabby it is.

译文：儿不嫌母丑，狗不嫌家贫。

比较英语源文与汉语译文我们发现源语中的形象在翻译时没有做任何改变，使用直译法保留了形象。这样翻译既忠实于原文，译文的表达方式又被译文读者所熟知的和接纳。

2. 替换形象

在翻译时，如果原语形象所承载的语义无法在译语中再现，可以根据具体的上下文采用归化方法，用译语中读者所熟知的形象替换原语形象，即指称意义用译语形象传达，而语用意义相同，这时替换目标语形象可以完整的传达源语的信息，从而使译文达到与原文相同或相近的表达效果。但是这样做的前提是目标.语中相对应的表达方式为目标语读者所熟知、所接受。习语形象的移植有利于不同文化的交流，起到输入异国情调、丰富本国语言、增强不同语言的融合的作用，也使世界人们交流起来更加融洽。例如：在周立波的《暴风骤雨》"土埋半截"，俗语即"离死不远"之意。翻译时——I' ve got one foot in the grave. 译者借用英语同义习语 to have one foot in the grave .（——足在墓中）把形象转换为译语读者熟悉的形象，既保持了原文引用俗语的风格，又通顺易懂。假如为保留形象直译成

"I'm already half buried in the earth", 译语读者会就会不知所云, 译文的文采也就黯然失色了。这样的翻译技巧也运用在习语翻译时, 例如: fish in the air 水中捞月; make a wild goose chase 缘木求鱼。这两例分别将"鱼"转换为"月", "鹅"转换成"鱼", 自然在很大程度上增加了翻译的灵活性, 以便于中国读者更好地接受源语成语。

再如"Cats hide their claws"可以翻译为"知人知面不知心"。"知人知面不知心"在汉语中表示的意思是认识一个人很容易但要了解他的内心却很难, 与英文原文"Cats hide their claws"表达的意思一致, 但"cat"转换为人的形象更容易被汉语读者所接受, 也遵循了美国著名翻译家奈达的翻译要以读者为中心的理论。有些英语的习惯表达在形式形象上与汉语极为相似, 是译者很容易联想到汉语的习惯表达, 如 move heaven and earth 很容易联想到汉语的"翻天覆地", 但它的实际意义是"想方设法"。

再比如: "In the county of the blind the one-eyed man is king."我们可以译为"盲人国内, 独眼为王"。汉语中同样存在大量独特的说法, 翻译成英文, 如: "狗嘴里吐不出象牙: One doesn't expect ivory from a dog's mouth。"从语言层面的直译要复写原作的"思想", 忠实地再现原作的"风格和笔调", "思想"与"风格和笔调"带有浓厚的异国情调, 翻译中必须采用保留形象的方法, 使得译文像原作一样通顺, 译者在语言表达中, 一定要注意保持源语的特色性和原汁原味。

3. 增添形象

中国成语中常常出现极富中华民族色彩的人物形象, 如"班门弄斧""事后诸葛亮"中的"班"(鲁班)和"诸葛亮"。英语中的对等谚语, 译作"Never to teach fish to swim" "It is easy to be wise after the event", 也许谚语的比喻意义表达完整了, 却自动放弃了让外国读者了解具有中国特色的历史人物"鲁班"和"诸葛亮"的机会。岂不是可惜。而若仅音译作"Lu Ban"和"Zhuge Lang", 又会让外国读者不着边际, 一头雾水。如果我们融合"所指意义"和"修辞意义"两全之译, 通过增添形象翻译, 效果就可以两全其美。译作"Never show of one's skill with the axe before the master carpenter, Lu Ban"和"After event one becomes the master mind, Zhuge Liang"。

另外一种情况为了使译语更贴切达意,易于为读者所接受,原语虽有形象,内涵意义体现不明的或者形象的意义表述模糊,也可以增添形象。有时原文中具有形象但这种情况下也可以增添形象使原文的含义表达得更加清楚明白。例如:"Every flow has its ebb。"可以翻译成"潮有涨落日,人有盛衰时。"译文中出现的"人有盛衰时"是原文中没有的字面意思,但是这样的增译却译出了原文中所要表达的真正内涵意义。

4. 舍弃形象

语言与宗教文化、饮食文化等交融一处,源语中的某些习语在译语中既找不到合适的对等习语,而且其形象也无法转换或移植到译语中,"译"则难尽其义,原语的睿智用心在直接译文中出现空缺,翻译时唯一的办法就是舍弃原语习语中的形象译出语义了,如"white elephant"应该翻译成"废物,大而无用的东西"而不是"白象"。而"do the donkey work"意味干粗活,我,我们在翻译时舍去了原文的动物形象,例如:

例1:my old servant never left me,he was as faithful as a dog.

译文:我的老仆人从不离开我,他对我非常忠诚。

此处省去了隐喻,读者不能够理解老仆人到底有多么的忠诚。

例2:Among so many well-dressed and cultured people,the country girl felt like a fish out of water.

译文:同这么多穿着体面又有教养的人在一起,这位乡下姑娘感到很不自在。

原文中的"like a fish out of water"如保留形象直译为"感觉像鱼儿离开了水",容易引起错误的联想"鱼儿活不了":如转换形象译成"如坐针毡",又显得不太忠实原文。因此要舍弃原形象,而取它的确切含义。但舍弃形象并不意味着"跳过"源习语不译,对它的文化意象视而不见,而是要在透彻理解原习语的基础上用简洁、生动的语言译出它的含义,尽可能缩小译语读者与原语读者所产生的语义联想和艺术感受的差距。因此了解原语与目标语两种语言的背景和语言习惯,舍弃形象意译,译文反而会显得言简意赅。

三、跨文化视角下的汉英特色意译

语言是历史积淀和文化因素的影响的结果，由于这种语言表达习惯的差异性，在进行英汉互译时，跨越两种语言文化之间的障碍，通过英、汉两种语言特点的对比，分析其异同。如果在翻译时无法保留原语的字面意义和形象意义，可将原文的形象更换成另一个译文读者所熟悉的形象，有时在翻译时需要对原来的语序进行大幅度的调整，需要透过字面意思，用重新组织的汉语句子将原作者真正要表达的意思表述出来，这就是所谓的意译。[①] 意译包括用词的选择、句子的重新调整、隐含意思的恰当表达等，从某种程度上来说，意译法也是视角转换的一种。例如：

例1：Birds of a feather flock together.

译文：物以类聚，人以群分。

例2：False friends are worse than bitter enemies.

译文：明枪易躲，暗箭难防。

在有些比喻句子中，意译更是有其特有的优势。例如David is as poor as a church mouse. 本句采用了Simile（明喻），如果译作"David像教堂里的老鼠一样穷"就显得粗俗滑稽，而且不是该句的本意。这时就要采用意译：David一贫如洗。利用这种翻译法不仅耳熟能详而且具有修辞效果，增添了语言的艺术性。

但是在翻译时也会出于语言的独特性或者新鲜事物的出现，使得译者无从下手。这个时候的意译似乎也无能为力。比如"馒头"就是中国特有的食品，欧美国家的人不知道馒头为何物，因而，在他们的语言中就没有"馒头"这个单词，我们通常这样翻译：steamed bread。再来看一个例子：

例3：这些建筑物像雨后春笋一样拔地而起。

译文：These buildings are going up like mushrooms.

这样翻译的原因是生存环境的差异也会造成语言的差异，修辞中所选用的喻体形象也会发生变化。在西方人们并不了解竹笋的生长过程，如果采用直译法，不进行形象的转换，对于英语为母语的人士势必会造成理解上的困难。比如Blog

---

[①] 陈静. 中英翻译中跨文化视角转换及翻译技巧分析[J]. 汉字文化，2021（16）：148-149.

乃是 weblog 之缩略，而 weblog 则是由 web 和 log 复合而成。Web 的意思是网络，指 the World Wide Web（万维网）；log 的原义是航海日志，后来被用以泛指任何类型的流水记录，因此，weblog 就是在网络上的流水记录形式，相当于网络时代的日记本。作为 weblog 的缩略形式，blog 可译为"网络日志"或"网志"。但有人认为，该名称虽然中规中矩，但缺乏出新之处，无法概括其独特内涵和深远意义，于是想出了"博客"这一中文译名，也有人将 blog 译为"博客日志"或"博客网站"，而将其派生词 blogger 译成"博客"。

"意译"也不等于"信口开河，不着边际的翻译"，在忠实于原文的情况下，必须对两种语言文化基础有基本的认识，阐述表达原文的一般规律。在忠实原文内容的前提下，翻译时不能逐字翻译。摆脱原文语言结构的束缚，使译文符合汉语的规范。这样才可以使翻译作品达到"信"和"达"的标准，使原文和译文达到意义上的对等，取得理想的翻译效果。

四、跨文化视角下英汉互译的修辞转换

英语有着悠久的发展历史，中西方由于生活环境、风俗习惯、思维方式各不相同，文学创造的美学观念也有所差异。在美化句子时我们常用到修辞。修辞是提高语言表达效果的语言艺术。它能使语言生动形象、具体活泼，给人以美的享受。要翻译好英语修辞，首先要弄清其特点、弄清英汉两种语言在这方面的异同，然后根据具体情况采用恰当的技巧进行翻译。机械地照搬原文，有时不仅不能保持原文的丰富的修辞手法，而且还会适得其反。

英汉翻译中修辞的处理，是表现力和感染修辞是常用的一种写作方法。英语与汉语中有很多相同的修辞方法，比如：比喻、排比、拟人、借代、双关等。在翻译时，如果我们能够做到原文和译文的修辞对等又使译文有效地表达了原文的含义是最好的翻译方式。但是有时原文与译文很难既达到修辞方法的对等又达到意义上的对等，这种情况下我们就要使用转换修辞的方法。那么我们首先要了解英语修辞，英语中修辞种类很多，但粗略分来似可分为音韵修辞、词义修辞和句法修辞。

例1: With this faith we will be able to hew out of the mountain of despairastoneofhope.

译文：怀着这个信念，我们能把绝望的大山凿成希望的磐石。

分析：这是一种音韵修辞。

再如词义修辞：

例2：Experience is the mother of wisdom.

译文：经验为智慧之母。

再来举个句法修辞的例子：

例3：Man proposes, God disposes.

译文：谋事在人，成事在天。

各民族语言往往会打上各个民族独特文化的烙印。生活习惯的不同也会影响到英汉修辞中喻体的选择。例如，某些英语喻体形象会让中国读者不知所云，如英文as。

结束语

  文化是社会长期发展的重要成果，而语言同样是在社会这个肥沃的土壤中滋生起来的，语言与文化存在着重要的关联性。随着人们认知程度的提高，人类已经不能满足于在民族内部交流，他们开始尝试走向世界，在这一文化交流的过程中，翻译起着至关重要的作用。尤其是当今时代，翻译的功能体现得更加明显，它不仅是人与人之间语言交流的工具，它更多地是承载着不同民族之间文化交流的期望。通过翻译在当今世界的重要性我们可以得知，翻译研究也应该从语言研究的浅层表面逐渐转到翻译研究的文化层面，深入剖析语言背后的文化内涵，而这种文化意义的揭示才是各民族之间交流的根本。

  随着科学技术与经济的发展，"全球化"已成为不可抗拒的潮流，文化差异不仅对人与人之间具体的交流实践产生影响，而且还会对翻译教学实践产生重要的影响。翻译中的文化因素对翻译活动的影响非常重要。因此，如何从文化的角度更好地把握英语翻译方法，是每个交际者都值得思考的问题。

参考文献

［1］曹雪萍.基于英汉文化差异的英语习语翻译［J］.陕西教育（高教），2019（07）：20-21.

［2］陈定刚.英语文学作品中典故的翻译技巧分析［J］.教育教学论坛，2019（01）：246-247.

［3］陈静.中英翻译中跨文化视角转换及翻译技巧分析［J］.汉字文化，2021（16）：148-149.

［4］陈亚红.关于中餐的英语翻译［J］.网络财富，2010（12）：159.

［5］崔姗，韩雪.英语文化与翻译研究［M］.北京：新华出版社，2015.

［6］代芳芳.跨文化视角下英语翻译障碍及对策研究［J］.佳木斯职业学院学报，2019（09）：137-139.

［7］杜晓卿.浅析中国菜肴英语翻译中的问题［J］.内蒙古民族大学学报，2012，18（06）：40-41.

［8］郭英珍.生态翻译学视阈下的新闻英语汉译［J］.中国科技翻译，2011，24（04）：36-38.

［9］韩立俊.基于跨文化交流角度的新闻英语翻译［J］.北京印刷学院学报，2020，28（12）：79-83.

［10］胡荣慧.英语翻译中跨文化视角转换及翻译技巧［D］.北京：中央民族大学，2012.

［11］黄海英.浅析英语翻译中跨文化视角转换与翻译技巧［J］.经济师，2021（10）：197-199.

［12］黄丽文.探讨旅游英语翻译中的文化因素［J］.中国商贸，2011（24）：

170–171，208.

［13］霍彦京.英语人名的文化特征及翻译策略［J］.白城师范学院学报，2018，32（03）：58–61.

［14］江峰，丁丽军.新编英语翻译技巧［M］.南昌：江西高校出版社，2012.

［15］金朋荪.大学英语翻译理论与实践［M］.武汉：华中科技大学出版社，2009.

［16］李珺.基于中西文化差异的英语翻译问题探讨［J］.海外英语，2021（14）：247–248.

［17］李亚蕾.交际翻译理论下的新闻英语翻译方法［J］.英语广场，2018（07）：20–21.

［18］梁华蓉.科技英语翻译中变译理论的实效性研究［J］.沧州师范学院学报，2020，36（01）：91–93，97.

［19］刘玲.英语翻译中跨文化视角转换及翻译技巧［J］.吉林省教育学院学报，2021，37（02）：183–186.

［20］卢薇.探讨中西文化差异对英语翻译的影响［J］.海外英语，2019（04）：200–201.

［21］吕艺.基于文化差异的英语习语翻译原则［J］.海外英语，2021（04）：87–88.

［22］司显柱.论我国对外英语新闻翻译及传播效果研究［J］.外国语文，2016，32（03）：109–115.

［23］涂靖.大学英语翻译教程［M］.上海：上海交通大学出版社，2016.

［24］王海芸.跨文化交流下的英语翻译策略研究［J］.河南科技学院学报，2020，40（11）：69–74.

［25］王佩瑶.如何正确处理英语文学翻译中的文化差异［J］.海外英语，2019（16）：72–73.

［26］王淑梅.英语文学作品的美学价值与翻译技巧［J］.吉林工程技术师范学院学报，2020，36（12）：57–59.

［27］韦孟芬.浅析科技英语翻译的词义选择［J］.中国科技翻译，2015，28（01）：1-3，35.

［28］蔚然，赵韶丽，杜会.当代英语翻译理论与实践的多维视角研究［M］.北京：中国商务出版社，2019.

［29］吴佳琳.文化视角下的旅游英语翻译［J］.淮海工学院学报（社会科学版），2011，9（15）：36-38.

［30］许鼎.浅析中式菜肴的英语翻译问题［J］.英语广场（学术研究），2014（07）：49-50.

［31］闫懿煊.英语文学作品翻译中如何处理中西方文化差异［J］.海外英语，2020（04）：56-57.

［32］杨晖.跨文化意识在旅游景点英语翻译中的运用［J］.太原城市职业技术学院学报，2020（11）：205-207.

［33］赵红军.英语翻译基础［M］.沈阳：东北大学出版社，2014.

［34］赵六珂.中西文化差异对英语翻译的影响与对策［J］.科技风，2019（26）：243-244.

［35］赵晓霞.文化翻译理论视角下的旅游英语翻译策略研究［J］.英语广场，2019（07）：41-42.

［36］左瑜.英语翻译的原理与实践应用［M］.长春：吉林大学出版社，2019.